FARANDOLE

PAR

LE VICOMTE PONSON DU TERRAIL

auteur de

La Comtesse de Gramont, la Tour du Roi, les Bohémiens de Londres, les Bohêmes de Paris, Coquelicot, le Testament de Grain-de-Sel, le Trou de Satan, les Chevaliers du Clair de lune, Amaury le Vengeur, la Belle Antonia, les Etudiants de Heidelberg, les Gandins, la Jeunesse du roi Henri, le Serment des Quatre Valets, les Mémoires d'un Homme du Monde, le diamant du Commandeur, les Drames de Paris, les Exploits de Rocambole, le Club des Valets de Cœur, la Revanche de Baccarat, la Dame au Gant noir, les Compagnons de l'Epée, etc.

IV

PARIS

L. DE POTTER, LIBRAIRE-ÉDITEUR

RUE FONTAINE MOLIÈRE, 27.

FARANDOLE 1677

LES MÉTAMORPHOSES DU CRIME

PAR XAVIER DE MONTÉPIN

Le titre de ce livre est étrange. — Le livre est plus étrange encore. — L'imagination ne saurait rêver rien de plus terrible, de plus curieux, de plus émouvant, que le drame mystérieux et sinistre qui se déroule dans le nouveau roman de l'auteur des *Marionnettes du Diable* et des *Compagnons de la Torche*.

Nous ne croyons pas qu'il soit possible de pousser plus loin l'intérêt. — Le lecteur oppressé, haletant, agité d'une curiosité fiévreuse, ne peut quitter le livre commencé et va tout d'une haleine de la première à la dernière page.

Nous devons ajouter que les évènements dramatiques racontés avec un talent hors ligne, reposent sur une base réelle, et que la donnée primitive du roman est empruntée à un procès criminel oublié aujourd'hui, mais qui fit grand bruit en 1830, et préoccupa la France et l'Europe entières.

Le type effrayant de *Rodille*, les personnages si attendrissants, si sympathiques de *Jean Vaubaron*, de *Blanche*, de *Paul Mercier*, compteront parmi les créations les plus heureuses du plus brillant romancier contemporain.

LES BUVEURS D'ABSINTHE

PAR HENRY DE KOCK.

Voici un nouveau livre d'Henry de Kock, appelé, comme succès, à rivaliser avec les meilleurs ouvrages de nos meilleurs romanciers. L'auteur du *Médecin des Voleurs*, des *Démons de la Mer*, et de tant d'autres romans qui ont leur place dans toutes les bibliothèques, s'est surpassé dans ses *Buveurs d'absinthe*. Sous ce titre original, et tout d'actualité, Henry de Kock a frondé une passion qui, malheureusement, tend de plus en plus à se répandre en France, comme celle d'une autre infernale liqueur, — le gin, — chez nos voisins d'outre-Manche. Au milieu des évènements nombreux d'un drame des plus intéressants, Henry de Kock a montré ses *Buveurs d'absinthe* aux prises avec l'idiotisme, la folie, le crime, suites inévitables de leur manie dégénérée en vice, puis, à côté de ces types odieux il en a tracé d'autres, aimables ou amusants ceux-là, pour épanouir ou consoler l'âme du lecteur. C'est un livre qui restera que les *Buveurs d'absinthe*, non seulement comme un roman, mais aussi comme une étude utile à consulter, agréable à lire; comme une œuvre remarquable, tout à la fois comme philosophie et comme morale, comme style et comme portée.

Wassy. — Imprimerie de MOUGIN-DALLEMAGNE.

CHAPITRE DIX-HUITIEME

XVIII

Des deux hommes qui venaient d'entrer dans l'auberge du Corbeau vivant, l'un était un homme d'environ cinquante ans, l'autre avait à peine la moitié de cet âge.

Le premier, malgré quelques cheveux gris, était un homme robuste, au teint basané, à l'œil clair. Il était dans toute la force majestueuse de la maturité.

Le second, qui lui ressemblait trop pour n'être pas son fils, moins grand que lui, était néanmoins un vigoureux garçon bien découplé, marchant avec assurance, et maniant avec une souplesse menaçante le gros bâton noueux qu'il avait à la main.

Le *Vieux* fronça le sourcil en les examinant.

« Il y aura de la besogne ! » pensa-t-il.

Tous deux étaient vêtus en colporteurs : blouse bleue, casquette à oreillettes fourrées, jambes enveloppées dans de grosses guêtres de cuir terminées par de bons souliers ferrés.

Malgré un certain air de rudesse et de jovialité brutale, ces deux hommes avaient un visage distingué, qu'ils dissimulaient en vain en faisant descendre leur casquette sur leurs yeux.

La Mayotte ne s'y trompa point.

« Entrez, mes bons citoyens, dit-elle, il y a place au feu pour les pauvres gens attardés. »

La coquine avait pris une voix caressante.

Le premier des deux hommes, c'est-à-dire le plus âgé, après avoir franchi le seuil du cabaret, jeta un regard soupçonneux autour de lui.

« Est-ce que vous n'avez pas de voyageurs chez vous? » demanda-t-il.

La Mayotte cligna de l'œil.

« Il vont venir, dit-elle.

— Ah !

— C'est de Jérôme que vous voulez parler, n'est-ce pas ?

— Oui, » dit le faux colporteur, qui examina le Vieux avec défiance.

Mais le vieux avait pris son meilleur visage.

« *Ils* seront ici avant le jour, répondit-il, Jérôme et *mademoiselle*. »

Ces mots firent tressaillir les deux colporteurs.

En même temps la Mayotte ferma la porte et ajouta brusquement :

« Monsieur le baron d'Azay, il n'y a pas à se gêner avec nous. Jérôme est notre ami. Nous avons caché votre fille pendant huit jours, et nous sommes les royalistes les plus dévoués, mon père et moi.

— Oui, » dit le Vieux.

Alors les faux colporteurs, qui un moment avaient froncé le sourcil, se déridèrent.

« Puisqu'il en est ainsi, dit le plus âgé, qui était bien réellement le baron d'Azay, expliquez-moi comment Jérôme n'est point ici. »

Et il déposa sa balle dans un coin, prit un escabeau, vint se placer au coin du feu et posa son bâton entre ses jambes.

« Voici la chose, répondit le Vieux. Jérôme, depuis qu'il est à Paris, a pris un métier pour détourner les soupçons, il s'est mis dans le commerce de sa sœur qui, vous le savez, est fruitière...

— Je sais cela. Eh bien ?

— On le voit chaque matin, à deux heures, à la halle, où il achète des légumes. Presque chaque jour il fait affaire avec un maraîcher de Montgeron, le village qui est ici près. Le maraîcher a une carriole et un cheval qui va bon train. Il vient de Paris ici en une heure, et il ramènera Jérôme et *mademoiselle*, qui continue à passer pour sa fille. »

Cette explication paraissait si naturelle, elle était si franchement donnée, que la confiance la plus absolue gagna le baron d'Azay et son fils.

« Eh bien, ma bonne femme, dit le premier, vous allez nous donner quelque chose à manger, n'est-ce pas ? Nous marchons depuis ce matin et nous sommes presque à jeun.

— Oui-da! Je m'en suis douté, fit la Mayotte en souriant, et j'ai pris mes dimensions en conséquence. Hé! père, ajouta-t-elle en s'adressant au Vieux, allumez la lanterne et descendez à la cave. Vous tirerez du meilleur. »

En même temps elle ouvrit le bahut et posa sur la table un morceau de lard fumé, des œufs, du pain et du fromage.

« Je vais vous faire une omelette, mes bons messieurs, dit-elle. J'ai mis des draps blancs à vos lits.

— Oh! répondit le baron, nous n'avons

pas besoin de deux lits; nous avons coutume de coucher ensemble en voyage.

— Alors, fit la Mayotte, à qui sans doute cette combinaison était loin de déplaire, je vous mettrai là... »

Elle ouvrit la porte de ce qu'on appelait le *cabinet*.

C'était une petite pièce assez propre, attenant à la salle d'auberge, et dans laquelle il y avait un lit à baldaquin de serge verte.

Une table supportant un pot à eau et

une cuvette, deux chaises de paille composaient avec le lit tout le mobilier.

Une seule chose bizarre aurait pu frapper les regards : c'est que le lit, au lieu d'être dressé contre le mur, se trouvait placé au milieu de la pièce.

Mais la Mayotte se chargeait de tout expliquer. En montrant la chambre aux voyageurs, elle leur dit :

« C'est un peu humide l'hiver, ce qui fait qu'on tire le lit loin du mur. »

Les draps étaient éblouissants de blancheur, la courtine était propre, les rideaux du baldaquin épais et lourds.

« Nous serons là à merveille ! » dit le baron en souriant.

Il vint se rasseoir au coin du feu, et la Mayotte se mit à casser les œufs pour faire l'omelette.

Pendant ce temps, le Vieux allumait la lanterne pour descendre à la cave.

L'entrée de la cave, comme dans beaucoup de pays, se trouvait hors de la maison, recouverte, à trois pas du seuil, par une plaque de tôle qui abritait un escalier roide et glissant.

Le Vieux sortit, referma la porte sur lui, souleva la plaque de tôle et descendit.

« Ah! malheur! murmura-t-il en choquant avec colère les unes contre les autres ses dents jaunes et déchaussées, depuis que cette Mayotte est ici, mon fils et elle s'entendent pour me voler... Ah! si j'étais un homme encore!.. Mais je suis vieux, et

Nicolas me tuerait d'un coup de poing !.. »

Le Vieux posa une bouteille sous une futaille et tourna le robinet. Puis, tandis que le vin coulait, il continua à geindre avec une sourde colère.

« Voilà encore une bonne affaire pour eux ; une mauvaise pour moi... dix mille francs ! Et dire qu'ils auront d'abord les deux tiers, et puis la moitié de l'autre tiers ! »

Il leva les yeux vers la voûte.

La cave était profonde ; elle était à près de cinq mètres sous terre. Vers le milieu surplombait une ouverture de six pieds carrés, fermée avec des planches. De cette ouverture, qui semblait à première vue avoir été anciennement le passage de la maison à la cave, pendait une grosse corde dont le bout était solidement fixé à un piquet enfoncé dans le sol.

Cette corde était tendue.

« Et dire, murmura le Vieux en remplissant une seconde bouteille, que lorsque ces pauvres diables seront couchés, il n'y aura qu'à dérouler cette corde pour les faire tomber dans l'autre monde ! »

Maître Nicolas Gourju avait dit la vérité.

Le sol de la cave était jonché de verre cassé.

Le vieux plaça une troisième bouteille sous le robinet.

« Ah ! dit-il encore, si je savais qu'ils fussent généreux, *les autres,* on pourrait peut-être s'arranger avec eux. »

Il lui vint un mauvais sourire aux lèvres, et une inspiration diabolique dans la tête.

« Oui, dit-il, on pourrait voir. Après ça il vous a l'air honnête, le père... et si on lui demandait mille écus... peut-être bien. Et puis ça serait un fier moyen de se débarrasser de la Mayotte ! »

Les trois bouteilles emplies, le Vieux remonta.

L'omelette fumait dans la poêle, et

M. d'Azay et son fils s'étaient mis à table.

Le Vieux les regarda encore.

« Faut que je les tâte, » pensa-t-il.

Et s'adressant au baron :

« Sauf votre respect, dit-il, quand vous étes entré, monsieur le baron, il n'y avait pas cinq minutes que j'étais arrivé de Paris à pied...

— Ah ! fit le baron.

— Ça creuse, la marche, poursuivit le Vieux, et si c'était un effet de votre bonté de me permettre...

— Mettez-vous là, » dit le baron.

La Mayotte posa l'omelette sur la table.

Elle était loin de se douter que le Vieux, dépouillé d'une part de butin, méditait une atroce vengeance !..

Le *Vieux* était remonté une fleur de sourire aux lèvres.

Le visage anguleux de ce petit bonhomme semblait s'être épanoui outre mesure ; il frotta ses mains l'une contre l'autre, quand il eut déposé les trois bouteilles sur la table, dit en faisant claquer sa langue :

« Pour de bon vin, citoyen, c'est là de bon vin. »

La Mayotte avait achevé de dresser le couvert, et les deux gentilshommes s'étaient mis à table.

« J'ai un appétit d'enfer, dit le chevalier d'Azay.

— Et moi, donc ! » fit le baron.

Puis il regarda le Vieux :

« Ainsi donc, mon brave homme, dit-il, vous êtes sûr que mon vieux Jérôme arrivera demain matin ?

— Oui, monsieur le baron.

— Avec ma fille ?

— Mais, dame ! fit la Mayotte, qui savait être naïve, Jérôme serait bien venu ce soir, à pied, s'il avait été seul. Mais la demoiselle, vous pensez, ça a les pieds délicats...

— C'est juste, dit le baron qui pensa à sa fille avec extase.

— Et Jérôme, poursuivit la Mayotte, a préféré attendre l'occasion du maraîcher.

— Il a eu raison, » murmura le baron, se résignant à attendre au lendemain pour voir sa fille.

La Mayotte posa un plat de légumes sur la table, et regarda le Vieux.

Le Vieux s'était assis et mangeait.

« Hé! père, dit-elle, voulez-vous monter? »

Et, du regard, elle indiquait l'escalier.

Les deux gentilshommes ne firent nulle attention à ces paroles de la Mayotte.

« Tu ferais mieux d'y aller toi-même, »
répondit le Vieux.

Le baron d'Azay leva la tête.

« De quoi s'agit-il donc ?

— Nous avons un petit enfant là-haut, dit la Mayotte ; c'est mon fils, un gars de quatorze mois... J'ai toujours peur qu'il ne se jette à bas de son berceau. »

Le baron trouva l'explication si naturelle qu'il se mit à souper.

La Mayotte se dirigea vers l'escalier.

Maître Nicolas Gourju était couché ; mais il ne dormait que d'un œil.

Il s'était couché tout habillé et avait caché le merlin sous sa couverture.

La Mayotte frappa doucement à la porte.

« Entre ! » dit Gourju.

La Mayotte entra sans lumière, comme une voleuse.

« Qu'est-ce ? » demanda le maître de l'auberge du *Corbeau vivant*.

— Ils veulent coucher ensemble.

— Qui?

— Le père et le fils.

— Eh bien! dit maître Gourju avec calme, ils tomberont tous deux sur les tessons de bouteilles.

— Tu crois?

— J'en suis sûr.

— Alors, il n'y a qu'à faire jouer la trappe?

— Rien que ça. Seulement, préviens-moi.

— Sois tranquille, mon homme, » dit la Mayotte.

Elle redescendit à bas bruit, et maître Gourju attendit avec calme ce qu'il avait souvent appelé *l'événement*.

Les deux messieurs d'Azay soupaient pendant ce temps-là.

Lorsque la Mayotte reparut, le Vieux taillait fort tranquillement son pain, et sa bru illégitime ne se douta point de ce qui venait de se passer.

Elle était demeurée absente cinq minutes

à peiné; cependant le Vieux avait mis les cinq minutes à profit.

Aussitôt qu'il avait entendu retentir les pas de la Mayotte au-dessus de lui, il avait posé sa petite main sèche sur le bras du baron étonné et lui avait dit :

« Il faut vous dépêcher, il s'agit pour vous de la vie. »

Le baron et son fils tressaillirent.

« La femme que vous venez de voir est une coquine, poursuivit le Vieux.

— Mais... Jérome m'a écrit...

— Il ne s'agit pas de Jérôme, mais de la Mayotte et de son homme.

— Quel homme?

— Mon fils, qui est couché là-haut.

— Eh bien ?

— Eh bien ! on doit vous assasiner cette nuit. »

Ces paroles, nettement articulées, arrachèrent un léger frisson à M. d'Azay et à son fils.

Le Vieux continua :

« Qu'est-ce que vous me donnez, si je vous sauve ?

— Ce que tu voudras, répondit le baron.

— Dix mille livres, dit le Vieux.

— Nous ne les avons pas à nous deux.

— Vous me ferez une reconnaissance.

— Soit, » dit le baron.

Les deux émigrés comprirent que cet homme allait les arracher à un péril bien savamment combiné, puisqu'il demandait autant d'argent.

« Vous êtes des gentilshommes, reprit le Vieux, et je sais que les gentilshommes ça tient ses promesses... Je ne suis pas républicain, moi. »

Le baron sourit.

« Voyons bonhomme, dit-il, tu prétends qu'on veut nous assassiner?

— Oui, mon fils et la Mayotte.

— Et quel intérêt ont-ils à cela?

— Ils veulent vous voler d'abord.

— Et puis?

— Et gagner dix mille francs qu'on leur a promis.

— Qui cela ?

— Des gens de Paris, des gens que vous ne connaissez pas... Mais je n'ai pas le temps de vous donner des explications. Ecoutez bien, car la fille va redescendre, et alors il n'y aura plus moyen.

— Parle donc vite. »

Le Vieux montra du doigt la porte du cabinet.

« C'est là que vous allez coucher tous

deux. Vous fermerez votre porte, n'est-ce pas ? vous placerez vos pistolets sous votre oreiller, et vous vous endormirez bien tranquilles, n'est-ce pas ?

— Dame ! fit le baron, si les verrous sont solides. »

Le Vieux se prit à sourire.

« Le lit est sur un plancher mobile, continua-t-il, un plancher qui fait la trappe et qui basculera aussitôt que vous serez couchés.

— Ah !

— Vous tomberez dans la cave, à quarante pieds de profondeur, et si vous ne vous tuez pas du coup, le fils ira vous achever à coup de merlin.

— Alors, dit froidement le baron, nous coucherons ici auprès du feu.

— Non, non, dit le Vieux, ne faites pas ça... vous me perdriez.., et Nicolas vous assassinerait tout de même. Il est fort comme une dogue de basse-cour.

— Que faut-il faire alors?

— Vous vous enfermerez dans le cabinet, mais vous ne vous coucherez pas.

— Bien.

— Vous vous tiendrez au long du mur à gauche, et vous attendrez que la trappe joue... Oh! ça fait un joli bruit, allez. »

Le Vieux n'eut pas le temps d'en dire davantage.

La Mayotte reparut.

Mais l'explication était suffisante. Le baron avait compris et son fils pareillement.

. . . .

Un quart d'heure après, les messieurs d'Azay avaient terminé leur repas au coin du feu, dans lequel on avait jeté une brassée de bois mort pour faire une dernière flambée, et la Mayotte leur disait :

« Venez par ici, messieurs ; le lit est bon et les draps sont bien blancs. »

Le baron échangea un rapide coup d'œil avec le Vieux qui bourrait tranquillement sa pipe, et il entra le premier dans la petite chambre à coucher du rez-de-chaussée dont la Mayotte venait d'ouvrir la porte.

Cette dernière posa la lampe qu'elle tenait à la main sur une table, montra à ses hôtes un pot, une cuvette, une carafe d'eau et deux verres; leur fit remarquer qu'ils avaient un verrou et pouvaient s'enfermer; puis elle se retira discrètement en leur souhaitant bonne nuit.

Le baron la remercia, et lorsqu'elle fut partie, il verrouilla la porte.

En même temps son fils, Philippe d'Azay, se baissait et reconnaissait une fissure dans le plancher.

C'était la ligne de démarcation entre la portion mobile et celle qui était à demeure

Le lit tout entier couvrait la trappe ; entre le lit et le mur, le plancher demeurait solide.

Le Vieux avait très-bien expliqué les choses. M. d'Azay ôta sa blouse et la pendit à un clou à la porte, de façon à boucher le trou de la serrure.

Puis le père et le fils se parlèrent un moment à l'oreille, armèrent leurs pistolets, se placèrent debout le long du mur, soufflèrent la chandelle et attendirent.

La Mayotte, pendant ce temps, parlait bas au Vieux, qui continuait à fumer sa pipe.

« Ils ont l'air bien las, disait-elle.

— Le fils dormait en mangeant, répondit le Vieux.

— Ça ne sera pas long, cette fois, comme pour le curé... vous savez beau-père?

— Oui, oui, dit le Vieux en clignant de l'œil, je me souviens... il n'en finissait plus de se coucher.

— Ah! soupira la Mayotte, je voudrais bien que ça soit fini. Je meurs de sommeil, moi aussi.

— Sans compter que tu auras un joli oreiller de pièces d'or, ma bru. »

Le petit œil de la Mayotte pétilla.

« Sais-tu, reprit le Vieux d'un air affable, que tu n'es pas mignonne tout de même, ma bru?

— Pourquoi donc ça ?

— Mais parce que tu ne veux pas me rendre mon demi-tiers. »

En parlant ainsi, le Vieux faisait tout bas cette réflexion :

« Je ne veux rien avoir à me reprocher. »

Mais la Mayotte lui répondit avec un rire effronté :

« C'est Nicolas qui l'a dit. Tant pis pour vous... il faut travailler tout de même, beau-père.

— Hélas ! soupira le Vieux, qui pensait en même temps : — J'ai fait une meilleure affaire que toi, méchante grêlée... et tu as eu bien tort de me voler mon demi-tiers.

— Chut ! fit tout à coup la Mayotte en posant un doigt sur ses lèvres.

— Qu'est-ce ? »

Elle indiqua la porte du cabinet avec la main.

Un ronflement sonore se faisait entendre au travers.

« Ils dorment, dit le Vieux.

— Est-ce que vous avez entendu craquer le lit, vous, beau-père?

— Oui, quand ils se sont couchés.

— Eh bien, v'la le moment...

— Descends-tu à la cave?

— Et vous aussi, faut bien que vous m'éclairiez, beau-père?

— C'est juste. »

La Mayotte prit une lanterne qui pendait sous le manteau de la cheminée, y plaça un bout de chandelle et se leva la première.

Le Vieux avait bourré une seconde pipe.

« Ah ça! mais, c'est drôle tout de même, dit-il à la Mayotte, Jacquemard ne bouge pas.

— Eh bien! c'est qu'il a besoin de dormir, répondit la grêlée. Est-ce que vous croyez à ces bêtises, vous, beau-père?

— Qui vivra verra! » ricana le petit vieillard, qui eut un sourire sinistre.

La Mayotte n'y prit garde.

Elle ouvrit la porte du dehors, abrita sa lanterne avec la main et sortit la première.

Le Vieux, sachant qu'on aurait besoin de retourner à la cave, avait négligé de refermer la trappe de tôle; c'était de la besogne de moins.

La Mayotte descendit d'un pied léger, comme si elle fût allée à une fête.

Toujours flegmatique et calme, le Vieux la suivait sans desserrer les dents.

« C'est une jolie idée qu'il a eue là, maître Nicolas, dit la Mayotte en posant sa lanterne sur une futaille vide.

— Oui, dit le Vieux, mais j'aime mieux te voir défaire la corde que la défaire moi-même.

— Et pourquoi cela, beau-père?

— Parce que j'aurais peur d'être écrasé. Ça tombe rudement vite la trappe.

— Oui, mais je saute bien, moi. Vous allez voir. »

Et la Mayotte posa une main sur la

corde qui faisait jouer la bascule du lit et précipitait les victimes dans la cave.

Cette corde était enroulée autour d'une grosse cheville plantée dans une pièce de bois transversale.

« Attention ! » dit la Mayotte.

Le Vieux s'effaça.

« Ça y est-il ? fit la grêlée.

— Ça y est.

— Alors, soufflez la lanterne, et gare dessous ! »

Elle arracha la cheville et voulut faire

un bond en arrière; mais agile et perfide comme un chat, le petit vieillard lui donna un croc-en-jambe, la rejetant verticalement au-dessous de la trappe.

En même temps la bascule joua et le lit tomba sur elle...

Le Vieux n'avait point éteint la lanterne.

. . . .

Maître Nicolas Gourju entendit le bruit du lit tombant dans la cave.

« Le coup est fait! » pensa-t-il.

Et il descendit pieds nus, son merlin à la main.

Des cris déchirants montaient des profondeurs du sol.

« Il faut les achever ! » se dit-il.

Et il courut à l'entrée de la cave.

Mais là, les cris devinrent plus distincts, et maître Nicolas frissonna et pâlit : c'était la Mayotte qui criait.

Il descendit, éperdu, et trouva sa concubine les deux jambes broyées par le lit.

Le Vieux s'était blotti dans une futaille vide.

La lanterne brûlait toujours.

Maître Nicolas Gourju demeura un moment inerte, immobile, contemplant d'un œil abruti la Mayotte, qui se tordait sanglante et les lèvres bordées d'écume, sous les débris de cette masse qui l'avait écrasée.

Mais tout aussitôt, un éclair se fit en haut de la voûte, une balle siffla, et maître Nicolas Gourju tomba mort. Le baron d'Azay, penché au bord de la trappe béante, venait de faire justice de l'assassin.

« Voilà ! ricana le Vieux en sortant alors de sa futaille, comment finissent les enfants qui volent leur père. »

CHAPITRE DIX-NEUVIEME

XIX

Le jour commençait à poindre lorsque deux hommes, qui marchaient assez rapidement, arrivèrent à la porte de la Conciergerie.

L'un était tout de noir vêtu ; l'autre portait cette éternelle carmagnole qu'endossaient les patriotes exaltés.

Ces deux hommes, nous les avons déjà vus ensemble. C'étaient Robespierre et Olivier Brun, dit le *Marseillais*.

A vingt pas de cette terrible porte de la Conciergerie, qui rarement s'ouvrait pour rendre à la liberté, ils s'arrêtèrent tous deux.

« Voyons, dit Robespierre, explique-toi bien clairement, citoyen.

— Je vais essayer; mais pour cela il me faut un aveu.

— Parle.

— Vous voulez perdre Danton?

— Je veux la preuve qu'il est de connivence avec les *masques rouges* et qu'il protége les aristocrates.

— Et si je vous donne cette preuve, le perdrez-vous ?

— Oui. »

Ce mot fut articulé sèchement, comme un arrêt de mort.

« Eh bien, écoutez-moi... »

Et le Marseillais s'assit sur le parapet du quai, en face de la Conciergerie, tandis que Robespierre demeurait debout.

« Le citoyen Danton, reprit-il, aime une aristocrate.

— Ah !

— Oui; une fille de ci-devant, mademoiselle de Vérinières...

— Ce nom m'est connu, dit Robespierre, mais attends donc... Elle a été condamnée à mort il y a trois jours ?

— Oui.

— Et exécutée...

— Non.

— Ah ! c'est juste, je m'en souviens... Il paraît qu'elle est enceinte. »

Le Marseillais haussa les épaules.

« C'est ce qu'ils ont dit, mais c'est faux ; mademoiselle de Vérinières est une honnête fille, et depuis trois jours elle proteste énergiquement contre ce qu'elle appelle une infâme calomnie.

— Alors, dit froidement le terrible proconsul, je ne vois aucun inconvénient à ce qu'elle soit exécutée.

— J'allais vous le proposer.

— Ah!

— C'est pour cela que je vous ai prié de m'accompagner à la Conciergerie.

— Mais ces choses-là ne me regardent pas directement.. c'est l'affaire de Fouquier...

— Fouquier est bien avec Danton, et Danton veut sauver mademoiselle de Vérinières à tout prix. Or, suivez bien mon raisonnement. Nous allons pénétrer dans la prison de mademoiselle de Vérinières.

— Bien.

— Vous l'interrogerez et lui ferez signer une déclaration comme quoi elle n'est pas enceinte.

— Crois-tu qu'elle signera.

— Des deux mains. Aujourd'hui, quand le comité de salut public se réunira, fort de cette déclaration écrite, vous ferez venir

Fouquier et vous vous étonnerez de ce qu'on ait sursis à l'exécution de mademoiselle de Vérinières.

— Et je le ferai en présence de Danton ?

— Naturellement. Vous le verrez pâlir alors... pâlir, se troubler, balbutier... Il était superbe hier matin, mais vous le verrez devenir tremblant, humble, suppliant... »

Robespierre écoutait avec ravissement le

Marseillais et semblait jouir déjà de son triomphe.

« Et tu crois, dit il, qu'il se trahira ?

— Oui, pour sauver mademoiselle de Vérinières.

— Ah ! murmura le proconsul, je suis capable de faire grâce à celle-là si Danton avoue sa complicité avec les masques rouges.

— Et lui, dit brutalement le Marseillais, lui ferez-vous grâce ?

— Non. »

Le terrible agent de police porta la main à son bonnet.

« A la bonne heure ! dit-il, vous êtes le seul homme logique de ce temps-ci, vous, citoyen Robespierre. Vous sentez que la république ne peut se fonder qu'à coups de hache !

— Allons, » dit Robespierre, que les compliments du Marseillais ne flattaient pas.

Ils frappèrent à la porte de la Conciergerie, et quand le guichet se fut ouvert, le Marseillais se montra.

L'agent de police avait ses grandes et ses petites entrées dans les prisons. Redouté de tous, exécré de tous, il signalait ordinairement son passage par des plaintes et des récriminations contre les geôliers et les autres employés. Il avait été la cause de plusieurs révocations. C'était lui qui avait envoyé à la guillotine un aide-guichetier qui avait eu l'imprudence de pleurer sur le passage de la charrette.

Le geôlier en chef vint recevoir le Marseillais et fit ouvrir la porte.

Puis il reconnut Robespierre et salua.

« Montrez-nous le livre d'écrou, » dit le Marseillais.

Le geôlier se fit apporter le registre, et le Marseillais indiqua du doigt à Robespierre la notice qui concernait la citoyenne Armande de Vérinières, entrée le... condamnée le..., réintégrée à la Conciergerie, dans le cabanon n° 14.

Robespierre dit au geôlier :

« Cette femme est-elle toujours ici ?

— Toujours.

— Persiste-t-elle à soutenir qu'elle n'est pas enceinte ?

— Depuis deux jours elle ne parle pas et reste constamment couchée.

— Mais elle mange ?

— Oui, lorsque nous nous sommes retirés.

— Et elle ne vous adresse jamais la parole ?

— Jamais.

— Quel âge a-t-elle ?

— Vingt ans.

— Est-elle belle ?

— Comme un ange.

— Aristocrate ! dit le Marseillais, tu sais bien qu'il n'y a plus d'anges ! »

Robespierre sourit, et s'adressant au greffier :

« Prenez une plume et de l'encre, et conduisez-nous au cabanon n° 14. »

Le geôlier obéit.

Lorsque la porte du cabanon se fut

ouverte, il se fit un léger mouvement sur le lit de sangles qui en occupait le fond.

La prisonnière, qui dormait toute vêtue, s'éveilla et leva la tête.

Robespierre fit un pas en arrière, tant il fut frappé de sa beauté.

« C'est un beau brin de fille, ma foi ! » dit le Marseillais.

La prisonnière les regardait tous deux alternativement et semblait se dire :

« Que peuvent-ils me vouloir ? Est-ce le

bourreau et un juge ? ou bien sont-ce deux bourreaux.

— Citoyenne, dit Robespierre, vous avez été condamnée à mort, et on n'a sursis à votre exécution que parce qu'il a été reconnu que vous étiez enceinte. »

La prisonnière se leva, regarda Robespierre en face et partit d'un éclat de rire.

« Ah! bon! dit-elle, je vois que vous ne savez rien, vous autres !.. »

Ces mots dans la bouche d'une aristocrate étonnèrent singulièrement le proconsul.

« Je n'ai jamais été condamnée à mort, et je ne suis pas enceinte !..

— C'est pourtant bien la citoyenne Armande de Vérinières ? demanda Robespierre au geôlier.

— Oui, dit ce dernier.

— Non, dit la prisonnière.

Le Marseillais haussa les épaules.

« Je ne m'attendais pas, dit-il, à ce qu'elle nierait son identité. »

La prisonnière s'était assise sur son lit et riait toujours.

« Voici trois jours que je suis ici, disait-elle, et ils s'y sont tous trompés ! tous ils me prennent pour la citoyenne de Vérinières... mais ne vous chagrinez pas, mes beaux messieurs, la citoyenne de Vérinières est en lieu sûr... et ceux qui m'ont mise à sa place... »

Ces mots arrachèrent un cri de surprise à Robespierre et au Marseillais.

« Qui donc êtes-vous ? dit Robespierre.

— Une chanteuse des rues qu'on appelle Farandole, » répondit-elle.

Robespierre regardait Farandole.

La ballerine reprit, riant toujours.

« Vous êtes vêtu de noir, vous ; votre cravate blanche et votre gilet blanc me prouvent que vous êtes un homme sérieux, un homme du gouvernement.

— Après, dit froidement Robespierre.

— Vous venez m'interroger, poursuivit la danseuse ; vous venez savoir si je m'appelle Armande de Vérinières, n'est-ce pas ?

— Oui, dit le proconsul.

— Eh bien ! non.... répondit Farandole. Je suis une danseuse, une ballerine, une fille de rues : tout le monde à Paris me connaît ; tout le monde sait qui je suis. Je m'appelle Farandole... Je chantais rue des Bons-Enfants. . Demandez... tout le monde vous le dira !... »

Robespierre leva sur le Marseillais un regard sévère:

« Qui trompe-t-on ici, dit-il, est-ce toi ou moi ?

— Peut-être tous les deux, » répondit Olivier Brun décontenancé.

Farandole continua :

« Je te reconnais maintenant, citoyen, avec ton gilet blanc et ton habit noir, tes lèvres minces et ton visage blême, et tes petits yeux gris sans chaleur. Tu es Robespierre, le grand citoyen, le pourvoyeur de la guillotine. »

Robespierre ne sourcilla point. Sa voix ne subit aucune altération.

« Mon enfant, dit-il simplement, ne cherchez point à me tromper. Si vous êtes mademoiselle Armande de Vérinières, dites-le hardiment. C'est la liberté que je vous apporte. »

Farandole se mit à rire de nouveau.

« Mademoiselle de Vérinières, dit-elle,

n'a pas besoin de sa liberté ; elle est libre depuis trois jours. Depuis trois jours elle a quitté Paris... me laissant ici à sa place... car je lui ressemble comme la goutte d'eau ressemble à la goutte d'eau. »

Ces derniers mots jetèrent une clarté dans les ténèbres dont cette aventure emplissait le cerveau de Robespierre.

Il fronça le sourcil.

» Ah! dit-il, vous ressemblez à la citoyenne de Vérinières ?

— Oui.

— Et vous avez pris sa place dans ce cachot.

— Oui. »

Robespierre se tourna vers le geôlier.

« A ton tour, dit-il, explique-toi. »

Le geôlier répondit :

« Cette femme est bien la citoyenne Vérinières ; Dieu ne fait pas deux créatures semblables.

— Envoyez chercher les gens de mon

quartier, dit Farandole, et vous verrez...
ils me reconnaîtront tous.

— Mais enfin, reprit Robespierre, si vous n'êtes pas la citoyenne Vérinières, comment êtes-vous entrée ici?

— Deux hommes m'ont amenée.

— Ah!

— L'un d'eux, en franchissant le seuil extérieur de la Conciergerie, a montré une petite plaque de cuivre... et on l'a laissé passer.

— Et cet homme vous a amenée ici?

— Oui. »

Robespierre regarda de nouveau le geôlier :

« Est-ce vrai, cela?

— Oui, citoyen. On m'a montré une médaille de député, et j'ai cru devoir obéir.

— Et cette femme était avec eux?

— Elle ou une autre, car maintenant, je n'y comprends plus rien.

— Et moi je comprends tout maintenant, » dit Robespierre

Olivier Brun était fort calme.

« Citoyenne, dit-il à Farandole, connaîtriez-vous les hommes qui vous ont amenée ici ?

— Peut-être...

— Pourriez-vous les nommer ?

— Tu es naïf, toi, citoyen, répondit la jeune fille avec effronterie. Penses-tu donc que je vais donner de la besogne à la guillotine ?

— Prends garde ! dit Robespierre à son tour. Tu joues gros jeu, ma petite...

— Allons donc ! je n'ai pas peur de la mort, moi... »

Et le sourire abandonna ses lèvres, et une larme roula dans ses yeux.

« Est-ce que j'ai besoin de vivre, moi ? N'a-t-on pas guillotiné Victor ? »

Le Marseillais se frappa le front.

« Ah ! dit-il, je me souviens... et je te reconnais... oui, tu es Farandole ! »

Puis, se penchant à l'oreille de Robespierre :

« Nous tenons bien mieux notre homme, dit-il, que si nous avions la vraie citoyenne Vérinières sous la main.

— Comment cela ?

— J'ai mon plan, dit Olivier Brun. Seulement il faut mettre cette jeune fille en liberté.

— Ah !

— C'est le seul moyen de le prendre au piége... comme une bête fauve.

— Soit! » dit Robespierre.

Et il dit au geôlier tout tremblant et qui s'attendait à être révoqué :

« Va me chercher le livre d'écrou.

— Est-ce aujourd'hui que vous allez me guillotiner? demanda Farandole, qui n'avait pu entendre ce que le Marseillais et le citoyen Robespierre s'étaient dit tout bas.

— C'est aujourd'hui... et tu vas nous suivre. »

Farandole ne témoigna ni surprise ni terreur.

« Comme vous voudrez, » dit-elle.

Robespierre avait pris une plume et écrivait ces lignes en marge du nom de mademoiselle Armande de Vérinières :

« Evadée... Les citoyens Robespierre, représentant du peuple, et Olivier Brun, agent de police, s'étant transportés à la Conciergerie et ayant pénétré dans le cachot précédemment occupé par la citoyenne Armande Vérinières, y ont trouvé une jeune fille lui ressemblant, mais qui a constaté son identité et prouvé qu'elle se nommait Farandole et était chanteuse ambulante. Cette jeune fille avait été substituée à la citoyenne Vérinières.

» Le citoyen Robespierre a ordonné son élargissement immédiat. »

Quand il eut fini, le proconsul passa la plume à Olivier Brun, qui signa.

Puis il fit signer le geôlier, et dit enfin à Farandole :

« Sais-tu écrire ?

— Un peu...

— Lis et signe cela. »

Farandole lut avec étonnement, puis elle regarda cet homme terrible à qui on faisait la réputation d'un tigre.

« Comment, dit-elle, vous me mettez en liberté?

— Oui.

— La guillotine ne veux donc pas de moi?

— La guillotine ne veux pas des innocents.

— Oh! dit elle d'un air sombre, Victor était innocent, lui aussi. »

Robespierre ne répondit pas ; mais il prit le manteau de la ballerine et le lui jeta sur les épaules.

« Viens avec nous, dit-il.

— Où me conduisez-vous?

— Hors d'ici.

— Et après ?

— Après, tu iras où tu voudras. »

. . . .

Une demi-heure après, Farandole errait seule par la rue Saint-Honoré et se dirigeait vers la rue Villedo.

Lorsqu'elle fut au seuil de la maison où elle logeait avec sa mère, elle hésita un moment et se retourna, saisie d'une vague inquiétude.

Elle craignait que ses libérateurs ne l'eussent suivie.

Mais la rue était déserte, et elle entra.

« Ah! citoyenne, lui dit la concierge, que t'est-il donc arrivé depuis trois jours qu'on ne t'a vue? Sais-tu que nous avons été bien en peine de toi dans la maison?

— J'ai été en voyage, répondit Farandole.

— Je craignais qu'on ne t'eût arrêtée, rapport à tes opinions sur la république. »

Farandole ne répondit pas.

« Mais ce matin, continua la portière, nous avons eu de tes nouvelles, ta mère et moi.

— Et par qui? demanda Farandole.

— Par un homme qui est venu et nous a dit qu'il t'attendait ce matin.

— Et cet homme?

— Il est là-haut...

— Chez moi ?

— Oui, je lui ai donné la clef.

— Voilà qui est étrange ! » pensa Farandole.

Puis elle songea aux protecteurs mystérieux de mademoiselle de Vérinières.

« C'est l'un d'eux sans doute, » pensa-t-elle.

Et elle monta.

En ce moment un homme se montra au coin de la rue Villedo.

C'était le Marseillais,

CHAPITRE VINGTIEME

XX

Un homme était monté chez Farandole.

Avant la singulière aventure qui lui était

advenue, la danseuse habitait, rue Villedo, deux petites pièces mansardées où elle demeurait seule.

La vieille femme qui prétendait être sa mère se contentait d'une mansarde située au-dessus.

Ainsi l'avait voulu Farandole, au temps de Victor, le prétendu soldat, qui n'était autre qu'un marquis.

Le logis de Farandole était petit, pauvre,

mais merveilleusement propre, et respirait un certain parfum artistique.

Cette pauvre enfant qui dansait sur la place publique, les larmes aux yeux, cette fille des rues, vêtue d'oripeaux, avait un je ne sais quoi de véritablement artiste qui l'avait entraînée à remplir son réduit de meubles et d'objets inconnus au vulgaire.

Sur une console, il y avait une statuette

de Clodion; deux petits tableaux de Boucher ornaient les murs. Une méchante étagère supportait quelques livres, — le théâtre de Molière, celui de Voltaire, un volume de vers d'André Chénier, et deux ou trois romans de madame de Lafayette.

Farandole gagnait assez largement sa vie.

Au café-concert de la rue des Bons-Enfants, on lui donnait six livres par soirée —

ce qui à cette époque, équivalait à vingt francs d'aujourd'hui.

La ballerine employait ses économies à orner son petit logis.

Depuis la mort de son Victor adoré, elle n'avait plus d'autre passion.

Un soir, un homme l'avait suivie.

C'était un gros marchand du quartier Saint-Denis, capitaine dans la garde civique, un homme considéré dans sa section, et qui n'avait pas peur d'être pris pour un aristocrate.

Il était monté chez Farandole et lui avait dit naïvement :

« Je suis riche, je n'ai pas de femme, et je vous aime ; voulez-vous m'épouser ? »

Farandole lui avait répondu ;

« Je suis veuve, et le mort que j'ai dans le cœur n'a pas laissé de place aux vivants. »

Farouche en sa douleur, la ballerine n'avait pas d'amants et ne voulait point en prendre. Elle voulait mourir fidèle au souvenir de Victor.

Quand elle arriva à sa porte ce matin-là, elle s'arrêta tout émue.

Quel était donc cet homme qui l'attendait et à qui on avait donné sa clef?

Cette clef était dans la serrure, à l'extérieur, et il n'y avait qu'à la tourner pour entrer.

Et cependant Farandole éprouva comme un affreux battement de cœur.

Quelque chose, une voix secrète, sans doute, lui disait qu'elle tenait dans sa main la vie de plusieurs personnes, et que des passions géantes, de vastes intérêts, se groupaient mystérieusement autour d'elle.

Un léger bruit qui se fit à l'intérieur triompha de son hésitation.

Elle tourna la clef et entra.

Un homme était debout dans la première pièce, — enveloppé dans un grand manteau, le visage couvert d'un masque rouge.

« Je vous attendais, » dit-il.

Farandole reconnut la voix de l'homme à qui, dans la nuit de son incarcération, elle avait donné le bras depuis la rue de l'Arbre-Sec jusqu'à la Conciergerie; de l'homme qui avait écouté, les larmes aux yeux, la touchante et sinistre histoire de Victor.

« Vous! dit-elle, c'est vous?

— C'est moi, dit-il, je vous attendais...

— Vous saviez donc que je sortirais de la Conciergerie?

— Si je ne l'avais pas su, répondit-il d'une voix émue, vous y aurais-je conduit?

— Mais qui donc êtes-vous! fit-elle avec un étonnement mêlé de crainte.

— Un homme qui pleure les victimes et qui exècre les bourreaux...

— Ah ! fit-elle naïve et égoïste dans sa douleur, vous eussiez aimé Victor, vous ?

— Je l'ai connu... je l'ai aimé... »

Farandole s'élança les mains tendues vers cet homme dont elle ne pouvait voir le visage.

Il la prit dans ses bras, l'y serra avec émotion, et poursuivit :

« Au nom de Victor, écoutez-moi...

— Ah ! parlez...

— Vous avez sauvé Armande, mon enfant, reprit le masque rouge, mais ce n'est point encore assez...

— Pour qui faut-il mourir ? demanda-t-elle avec une simplicité sublime.

— Il ne s'agit pas de mourir, mais de vivre... de vivre pour un être qui aime Armande comme vous aimez Victor...

— Ah !

— Et contre qui on s'acharne, dont on a médité la perte.

— Parlez, dit-elle. Ce que vous ordonnerez, vous qui avez connu Victor, je le ferai.

— Bien. Racontez-moi alors comment vous êtes sortie... Qui vous a délivrée ?

— Robespierre.

— Je m'en doutais, » murmura le masque rouge.

Farandole lui raconta ce qui s'était passé.

« Avez-vous su ce que Robespierre a écrit sur le livre d'écrou ?

— Oui.

— Avez-vous signé ?

— Oui. »

Le masque rouge parut réfléchir.

« Ecoutez-moi bien, mon enfant, dit-il enfin. Vous vous souvenez de l'homme qui allait tous les soirs rue des Bons-Enfants?

— Oui. Celui qui m'a proposé de sauver Armande?

— Justement. Le reconnaîtriez-vous, si l'occasion vous plaçait devant lui?

— Si je le reconnaîtrais? dit-elle. Oh! il a un regard qui pénètre la pensée, une voix qui vibre au fond du cœur.

— Eh bien! dit le masque rouge, cet

homme, si vous le rencontriez, il ne faudrait pas le reconnaître.

— Ah !

— Si vous le reconnaissiez...

— Eh bien ?

— Vous le tueriez plus sûrement que le couteau de la guillotine. »

Farandole frissonna.

« Cet homme, poursuivit le masque rouge, est en danger de mort. Si jamais on vous mettait en sa présence, niez énergiquement l'avoir jamais vu.

— Je vous le jure! dit Farandole.

— Vous êtes en liberté, continua l'inconnu, mais tout n'est point fini. Il peut se faire qu'on vous arrête aujourd'hui même, qu'on vous conduise devant un juge qui vous interrogera du café-concert,

— Que dois-je dire? que dois-je faire?

— Vous tairez votre rencontre avec l'inconnu.

— Bien.

— Et si on vous demande qui vous a conduite à la Conciergerie, vous parlerez de nous.

— Mais je ne vous connais pas, fit-elle naïvement.

— C'est précisément pour cela!

— Ah! oui, dit-elle, je comprends...

— Adieu, dit le masque rouge qui enfonça son chapeau sur ses yeux et ramena un pan de son manteau sur son visage.

— Vous partez? dit Farandole émue.

— Oui, mais nous nous reverrons... et bientôt.

— Ah! tant mieux! fit-elle.

— Rentrez chez vous chaque soir, et regardez souvent en arrière pour voir si vous n'êtes point suivie.

— Bien, et si on me suit...

— Avez-vous une amie, une connaissance, quelqu'un à qui vous puissiez, au besoin, demander l'hospitalité?

— Je connais une jeune fille, une camarade qui chante, comme moi, pour vivre.

— Son nom?

— La Blonde.

— Où demeure-t-elle?

— Rue Saint-Sauveur. »

Le masque rouge réfléchit de nouveau.

« Etes-vous sûre de cette fille?

— Comme de moi-même.

— La croyez-vous incapable de vous trahir jamais ?

— Elle mourrait pour moi.

— Eh bien, ce soir, allez chez la Blonde.

— J'irai.

— Et attendez-moi... »

L'inconnu mit un chaste baiser, un baiser de frère, sur le front de la ballerine, et s'en alla.

. . . .

Dans la rue, à moitié enseveli sous l'ombre d'une porte cochère, le Marseillais attendait.

L'homme au masque rouge sortit.

Mais, dans l'allée étroite et sombre de la maison où logeait Farandole, il avait eu le temps d'opérer en lui une entière métamorphose.

Il avait jeté son manteau, ôté son masque,

appliqué sur son visage une large barbe d'un blond roux.

Le Marseillais vit sortir un homme en carmagnole, les mains dans ses poches, le bonnet rouge sur la tête, un brûle-gueule aux dents.

Cet homme passa près de lui en sifflant l'air du *Ça ira !* et, trompé par les apparences, le Marseillais le laissa passer et se dit :

« Ce n'est pas celui que j'attends...
Pourvu que mes hommes ne tardent point
à venir. Le baron a un rude poignet, et ce
n'est point moi tout seul qui pourrais
l'arrêter. »

Il se remit à son poste d'observation et
attendit encore.

Quelques minutes s'écoulèrent, puis des
pas se firent entendre à l'autre extrémité
de la rue, et trois hommes, dont le cos-

tume équivoque et les allures dénotaient des hommes de police, vinrent à lui.

« Allons, mes enfants, leur dit le Marseillais, je vois que le citoyen Robespierre n'a pas perdu de temps.

— Aussitôt prévenus, dit l'un d'eux, nous sommes partis.

— Etes-vous bien armés ?

— Parfaitement. »

Et chacun d'eux entr'ouvrit sa carmagnole et montra deux pistolets à sa ceinture.

— Quel est celui de vous qui tire le mieux ?

— C'est Bouisson, dit l'un.

— Moi, dit celui à qui on donnait ce nom, je mets, à vingt pas, une balle de pistolet dans un rouge liard.

— Alors c'est toi qui fera le coup.

— Ah !

— Le coup est payé cinq cents livres.

— Sur qui faut-il tirer?

— Sur un homme que nous allons arrêter là, dans cette maison.

— Comment est-il ?

— Il a un masque.

— Bon, je briserai le masque.

— Allons, venez... ça presse !... »

Et le Marseillais se dirigea vers la maison de Farandole.

« Où allez-vous, citoyen? dit la portière émue à la vue de ces hommes de mauvaise mine.

— Chez la citoyenne Farandole.

— Elle n'y est pas...

— Bah! nous verrons bien. »

Et il monta, suivi de ses trois hommes, sans que la portière songea à l'arrêter.

Farandole avait eu à peine le temps de se débarrasser de son manteau.

Lorsqu'elle entendit frapper, elle courut ouvrir, croyant que c'était le masque rouge qui revenait.

« Ah! c'est vous, dit-elle en reconnaissant le Marseillais.

— Oui, ma petite.

— Est-ce que vous avez du regret?

— De quoi donc?

— Mais de m'avoir mis en liberté.

— Non certes.

— Vous ne venez pas m'arrêter !

— Toi, non.

— Qui donc, alors ?

— Un homme que tu as caché ici... »

Farandole se mit à rire.

« Vous êtes fous... dit-elle, il n'y a personne ici... »

Mais le Marseillais courut ouvrir la porte de la seconde pièce.

Cette pièce était vide comme la première.

Il ouvrit un cabinet, un placard, regarda sous le lit...

Farandole jouait l'étonnement le plus profond.

« Mais puisque je vous dis qu'il n'y a personne, fit-elle.

— Tonnerre! hurla le Marseillais, l'oiseau s'est envolé! »

Farandole regarda les agents en riant :

« Je crois, dit-elle, que votre patron est fou, citoyens. »

Le Marseillais fut pris d'un accès de rage.

— Il y avait quelqu'un ici tout à l'heure, dit-il en secouant rudement le bras de Farandole.

— Je n'ai vu personne.

— Prends garde!

— Bah! dit la ballerine, vous savez bien

que je ne crains pas la mort. Emmenez-moi en prison, si vous ne mé croyez pas. »

Le Marseillais fut dupe de ce calme.

« J'ai été mal renseigné, murmura-t-il avec dépit; adieu, petite. »

Et il fit un signe à ses trois agents.

« Filons, ajouta-il, ce sera pour demain. »

Tous trois redescendirent.

Mais comme il atteignait la dernière

marche de l'escalier, le Marseillais trébucha.

Il venait de se heurter à quelque chose de mou; et se baissant, il ramassa un manteau.

Un manteau gris..... l'uniforme des masques rouges.

En même temps, un des hommes relevait un autre objet.

« Tiens! qu'est-ce que cela? » fit-il.

Le Marseillais poussa un cri de rage.

Il avait reconnu un masque de velours écarlate.

« Ah ! le brigand, murmura-t-il en se souvenant de l'homme à la barbe rouge, vêtu d'une carmagnole, qui avait tout à l'heure passé auprès de lui... je ne l'ai pas reconnu. M'échappera-t-il donc toujours ? »

Et il courut chez Robespierre qui demeurait à côté, rue Saint-Honoré.

Après le départ du Marseillais et de ses agents, Farandole demeura un instant incertaine sur le parti qu'elle prendrait. Elle songea d'abord à quitter son domicile, de peur que le Marseillais, se ravisant, ne vînt l'arrêter. Puis elle se souvint des recommandations du masque rouge, qui lui avait dit : « Prenez garde qu'on ne vous suive. »

Elle changea de vêtements et monta à l'étage au-dessus.

La vieille femme qui prétendait être sa mère dormait encore et n'avait plus d'elle aucun souci.

Farandole pénétra dans la mansarde sans qu'elle s'éveillât.

La vieille rêvait tout haut et disait :

« C'est pas avoir de chance, citoyens, que d'avoir élevé cette enfant-là pour la perdre un beau soir. Aussi je vas aller trouver la Blonde. C'est une bonne fille, la

Blonde, et pas vertueuse comme cette chipie de Farandole. Elle aime à rire, au moins ; les amants se succèdent chez elle, et c'est tout profit. »

Farandole fut glacée par ces paroles ignobles.

Elle se retira sur la pointe des pieds comme elle était entrée, et redescendit chez elle sans avoir éveillé la vieille femme.

Puis elle ouvrit sa fenêtre.

Farandole avait un voisin — un tout
jeune homme, un ouvrier, qui la regardait
avec extase lorsqu'elle daignait se montrer.

Ce jeune homme habitait la maison voisine, mais sa fenêtre et celle de Farandole
étaient situées vis-à-vis l'une de l'autre, et
une cour étroite les séparait.

L'ouvrier était un beau et pâle garçon
de vingt ans, fumiste de son état. Il aimait
Farandole avec frénésie, et Farandole avait

deviné cet amour ; mais, on le sait, Farandole ne voulait plus et ne pouvait pas aimer.

Un salut, quelquefois un sourire triste, c'était tout ce que Baluche avait recueilli.

Le fumiste s'appelait Baluche.

C'était un enfant de Paris, né dans une rue sombre, de parents inconnus, poussé au hasard, comme presque toutes les belles plantes, et qui s'était développé au soleil de la vie parisienne, le plus chaud de tous les soleils.

Baluche contemplait depuis trois jours les fenêtres clauses de Farandole et se livrait aux plus tristes commentaires sur le sort de la ballerine, lorsque l'une de ses fenêtres s'ouvrit.

Baluche poussa un cri de joie.

Farandole le vit et lui sourit.

« Bonjour, mon voisin, » dit-elle.

Baluche sentit ses jambes fléchir sous lui.

C'était la première fois que Farandole lui adressait la parole.

« Bonjour.... mademoiselle.... » balbutia-t-il.

Elle posa un doigt sur ses lèvres :

« Chut! fit-elle, ne vous servez donc pas de mots aristocrates... »

Baluche se mit à sourire et répéta :

« Bonjour, citoyenne. »

Puis, comme Farandole semblait disposée à lier conversation, il lui dit :

« Est-ce que vous êtes allée en voyage ?

— Oui, mon voisin.

— Mais vous êtes de retour pour longtemps ?

— Oh ! je le pense... »

Farandole, tout en répondant aux questions du jeune homme, mesurait la distance qui séparait les deux fenêtres et qui était d'une dizaine de pieds environ, mais au-dessous la cour s'ouvrait béante, profonde, sinistre, et donnait le vertige.

« Qu'est-ce que vous regardez donc là, citoyenne? poursuivit Baluche.

— Je vois que nous sommes bien près, voisin.

— Ah! dit le fumiste qui s'enhardit, je parierais bien d'aller chez vous sans descendre mon escalier ni remonter le vôtre.

— Vraiment !

— Oh ! ça, oui.

— Comment feriez-vous ?

— Je prendrais une planche qui fait partie de mes outils, elle a douze pieds de long ; je la poserais d'un bout sur votre fenêtre, de l'autre sur la mienne, et je passerais à pieds joints.

— Bah ! »

Le fumiste eut un accès d'audace.

« Voulez-vous parier ? dit-il.

— Pour cela il faudrait que je visse la planche.

Baluche ne se le fit pas répéter. Il disparut de la croisée et revint dix secondes après armé de la planche.

Elle était de sapin, épaisse de deux pouces, large de huit à peine.

— Et vous passeriez là-dessus ? demanda Farandole.

— Oui, citoyenne.

— La tête ne vous tournerait pas ?

— Non.

— Je veux voir cela, dit la ballerine.

— Vrai ?... vous... voulez...

— Oui.

— Vous me permettrez d'aller chez vous ?

— Prenez garde ! dit Farandole en riant, si vous êtes ému, la tête vous tournera... »

Mais le fumiste avait déjà lancé la planche, tout en la retenant par un bout, et il l'appuyait sur la croisée de Farandole.

« Bon ! dit celle-ci, tenez-la bien...

— Pourquoi ? demanda Baluche stupéfait.

— Mais, dit-elle riant, parce que je vais vous prouver que j'en sais autant que vous...

Et avant que le jeune homme eût eu le temps de jeter un cri et de s'y opposer, Farandole fut debout sur le bord de sa croisée et appuya un pied sur la planche.

Baluche devint plus pâle encore qu'il n'était d'ordinaire.

Mais Farandole attacha sur lui un regard d'une incroyable énergie.

— Maintenez la planche, dit-elle, et ne criez pas.

Elle fit deux pas en avant, au-dessus de l'abîme, et Baluche ferma les yeux. Ce qu'il aurait eu le courage de faire l'épouvantait exécuté par une femme, — une femme qu'il aimait. — Mais Farandole

était brave ; et son cœur ne battit pas plus

vite, son pied demeura sûr... Elle passa,

regardant droit devant elle, et lorsqu'elle

fut à deux pieds de la croisée de Baluche,

elle s'élança et tomba, les pieds joints,

dans les bras du jeune homme, qui jeta un

cri de joie.

Farandole lui dit alors :

« Retirez votre planche et fermez votre

croisée.

Il eut un battement de cœur.

« Je n'ai pas envie, continua-t-elle, de m'en retourner par le même chemin.

— Vous avez eu peur ?

— Non, dit-elle avec calme.

— Eh bien, moi, dit Baluche, j'ai eu peur pour vous...

— Ah !

— J'ai cru que j'allais mourir...

Farandole l'aida à retirer la planche ; puis elle ferma elle-même la croisée.

Puis encore elle prit les mains du jeune ouvrier dans les siennes, le regarda gravement et lui dit :

« J'ai deviné que vous m'aimiez... »

Baluche jeta un cri et tomba à genoux.

« Et alors, continua simplement Farandole, je suis venue à vous, parce que j'ai besoin de vous...

— Ah! dit le jeune homme avec enthousiasme, faut-il mourir?..

— Peut-être..... » dit-elle d'un air sombre.

Et elle ajouta, pressant toujours sa main :

» Sait-on, par le temps qui court, si l'air qu'on respire n'est pas empoisonné ?

— Oh! murmura Baluche avec extase, mourir pour vous, c'est vivre... c'est le bonheur! »

CHAPITRE VINGT-ET-UNIEME

XXI

Un conciliabule se tenait rue du Renard-Saint-Sauveur ce jour-là, vers neuf heures du soir, entre les masques rouges.

« Citoyens, disait le président, lorsqu'il s'agit d'aristocrates vulgaires, de gens ayant simplement conspiré contre la république, nous sommes de force à les tirer d'affaire, à Paris même, et sans nous préoccuper des moyens à employer pour les faire sortir de France. Mais aujourd'hui, citoyens, il s'agit d'une aristocrate hors ligne, d'une femme qui a soulevé des tempêtes sur son passage, et il est nécessaire de bien nous entendre. »

On écoutait religieusement le président, et le plus profond silence régnait dans l'assemblée.

« En quelques mots, reprit le président, je vais vous mettre au courant de la situation.

— Parlez! parlez! dirent plusieurs voix.

— L'aristocrate dont il s'agit s'appelle mademoiselle Armande de Vérinières.

— Mais nous l'avons sauvée ? dit un masque rouge.

— Elle est en liberté ? dit un autre.

— Elle s'est réfugiée, ajouta un troisième, dans l'hôtel de l'ambassade d'Espagne.

— Tout cela est vrai.

— Donc elle est en sûreté ?

— Non.

— Pourquoi ?

— Voici : la citoyenne Vérinières, aristocrate, royaliste, condamnée à mort, importait peu au citoyen Robespierre. Il a écrit de sa main sur le livre d'écrou : *évadée*, et, sans des motifs particuliers, il ne se donnerait point la peine de la faire rechercher.

— Quels sont ces motifs ?

— Un homme a voulu, comme nous, sauver Armande.

— Et... cet homme ? demanda un masque rouge, silencieux et sombre jusque-là.

— Cet homme est puissant dans le gouvernement actuel, cet homme a inspiré une haine jalouse, violente, implacable à Robespierre. »

Un nom courut, prononcé tout bas, dans les rangs de l'assemblée.

« Ah! dit le masque rouge qui avait demandé d'une voix émue quel était cet homme, *il* a voulu sauver Armande ?

— Oui.

— Et Robespierre le sait ?

— Oui. »

Les masques rouges se regardèrent silencieusement.

« Maintenant, continua le président, vous devinez qu'il mettra tout en œuvre pour perdre mademoiselle de Vérinières, dans l'espérance de forcer son ennemi à se perdre avec elle. Dès lors même, l'hôtel de l'ambassade n'est plus un lieu d'asile : la police y pénétrera par la force ou par la ruse. »

Le masque rouge à la voix émue, qui

n'était autre que le chevalier de Rochemaure, eut un frisson d'épouvante.

« Nous n'aurons fait que reculer pour mieux sauter, continua le président; la guillotine est là...

— Eh bien, murmura le chevalier, je mourrai avec elle.

— Numéro 17, dit sévèrement le président, je ne saurais trop blâmer ces paroles. Les masques rouges se doivent les uns aux autres et n'ont pas le droit de disposer de leur vie. D'ailleurs, il ne s'agit pas de mourir avec mademoiselle de Vérinières, mais de la sauver... »

Si le président s'exprimait ainsi, c'est qu'il avait trouvé un moyen.

On attendait, anxieux.

« Citoyens, reprit-il, je viens vous demander un crédit et des pouvoirs illimités ; le reste me regarde.

— Comment! dit un masque rouge, vous n'avez pas besoin de nous ?

— Non, si ce n'est du numéro 17. »

Le chevalier de Rochemaure respira.

« Le crédit m'est-il accordé ?

— Oui, oui ! dit l'assemblée tout entière.

— Alors, je prierai le caissier de vouloir bien me compter trois mille louis.

— Ils seront chez vous dans une heure,

répondit le caissier, qui se trouvait dans la foule.

— Et les pouvoirs sont-ils illimités ?

— Oui, oui.

— Alors, dit froidement le président, je puis vous affirmer d'avance que le citoyen Robespierre est battu... et je lève la séance. — Au revoir, citoyens ! »

. . . .

Quelques minutes après, deux hommes

en carmagnole, un brûle-gueule aux dents,

heurtaient à la porte de la chanteuse qu'on

appelait la *Blonde*.

La Blonde était une grande fille assez

jolie, au regard provoquant et dévergondé,

aux cheveux d'un blond presque roux ; elle

avait une jolie voix, dansait à ravir, avait

un cœur excellent, changeait d'amant tous

les deux jours, et cultivait les établissements

de coin de rue où on débite de l'eau-de-vie, des prunes et des chinois.

Elle avait chanté et dansé avec Farandole, et Farandole, fille économe et sage, lui avait rendu plus d'un service.

De là leur liaison.

La Blonde habitait au premier étage ; chaque meuble, chez elle, était le souvenir d'un amour éteint ; et ses trois petites pièces étaient encombrées.

Une servante, assez accorte, cumulait chez elle les fonctions de femme de chambre et de cuisinière.

La Blonde était alors dans une veine assez heureuse; un gros marchand de la rue des Bourdonnais s'était épris de ses charmes, et subvenait largement à ses besoins.

Lorsque les deux hommes en carmagnole frappèrent à sa porte, elle venait de

recevoir la visite de Farandole.

La ballerine était arrivée chez elle enveloppée dans un grand manteau qui lui cachait le visage.

Il y avait déjà longtemps que les deux amies ne s'étaient vues.

« Bonjour, ma petite, dit la Blonde. As-tu besoin de moi ? veux-tu de l'argent... Tiens... »

Et elle ouvrit un tiroir qui était rempli de pièces d'or.

« Non, dit la ballerine en souriant, je n'ai pas besoin d'argent. Mais j'ai besoin de toi.

— Parle.

— Tu vas me cacher... »

La Blonde tressaillit.

« Est-ce qu'on te poursuit ? dit-elle.

— Oui.

— Eh bien, reste ici... et s'ils veulent arriver jusqu'à toi, ils me marcheront sur le corps.

— Tu es une bonne fille, dit Farandole, une amie vraie.

— Tiens ! fit la blonde, je voudrais bien voir qu'on ne se fît pas exterminer pour toi ! »

Tandis que la blonde parlait ainsi, les

hommes en carmagnole frappaient à la porte.

« Ah! mon Dieu! s'écria la chanteuse, ce sont eux...

— Non, je ne crois pas, dit Farandole; j'ai bien pris mes précautions... on ne m'a pas suivie.

— C'est égal, je n'ouvrirai pas.

— Au contraire, il faut ouvrir.

— Pourquoi ?

— Parce que j'ai un rendez-vous chez toi. »

Et Farandole se jeta derrière un rideau.

« Ouvre, » dit-elle impérieusement.

Dans l'escalier, les deux hommes en carmagnole avaient posé un masque sur leur visage.

La Blonde recula effrayée.

Mais l'un d'eux lui dit :

« Ne craignez rien, nous sommes des amis de Farandole.

— C'est vrai ! » s'écria la ballerine qui sortit de sa cachette.

Elle avait reconnu la voix du masque rouge.

C'était celui qui était venu chez elle le matin.

« Ah ! dit-il, vous êtes déjà ici ?

— J'arrive.

— Vous a-t-on suivie ?

— Je ne crois pas.

— Il faut que je cause seul avec vous, reprit le masque.

— Venez, » dit Farandole, qui le fit entrer dans la seconde pièce et referma ensuite la porte.

Le masque rouge s'assit.

« Ma petite, dit-il, est-ce que, il y a trois

mois, un homme ne vous a pas offert de l'épouser ?

— Oui.

— Connaissez-vous cet homme ?

— C'est un négociant, il s'appelle Marius Gratiet.

— Pensez-vous qu'il vous aime encore ?

— Je le crois.

— Il faut vous en assurer.

— Mais, dit Farandole inquiète, pourquoi me demandez-vous cela?

— Je vous le dirai plus tard. Cet homme dont je savais le nom aussi bien que vous, est capitaine dans la garde civique?

— Oui.

— Mais il a des relations fréquentes, pour son commerce, avec la Flandre, et il se rend tous les mois à Tourcoing.

— Je ne sais pas, dit Farandole.

— Si vous étiez sa femme, il vous emmènerait, et personne n'y trouverait à redire.

— Sa femme ! s'écria Farandole effrayée.

— Rassurez-vous, c'est une simple supposition.

— N'importe! fit-elle, j'ai eu bien peur...

— Vous ne voulez donc plus nous servir, nous qui avons connu et aimé Victor ?

— Oh! si, dit Farandole.

— Eh bien, alors, reprit le masque rouge, écoutez ce que nous attendons de vous. »

. . . .

Le citoyen Marius Gratiet était un gros commerçant excessivement riche et qui s'était fait nommer capitaine dans la garde civique, bien plus pour dissimuler son argent que pour servir la patrie.

Il était, au fond, assez tiède, malgré ses rodomontades républicaines, et souhaitait *in petto* le retour de la monarchie.

Il avait quarante-huit ans, un gros ventre, une tête chauve, de petits yeux gris, des lèvres épaisses et un grand air de bonhomie, tempéré par les signes caractéristiques d'un tempérament violent et de grossiers appétits.

Négociant rangé, du reste, il menait de front son amour malheureux et ses affaires qui prospéraient.

Chaque soir, quand ses commis étaient partis, il faisait sa caisse, mettait au net ses écritures, et s'en allait ensuite au café-concert de la rue des Bons-Enfants voir et entendre Farandole. Se placer dans le coin le plus obscur et la voir, — c'était tout son bonheur, toute sa vie.

Or, depuis quatre jours, le bonheur s'était évanoui pour lui, et le pauvre homme se sentait mourir, car Farandole n'avait point reparu au café de la rue des Bons-Enfants.

Qu'était-elle devenue ?

Les bruits les plus sinistres avaient couru sur son compte, et l'infortuné capitaine de la garde civique en avait la chair de poule.

Or ce soir-là, comme la veille, comme les jours précédents, il était allé rue des Bons-Enfants, espérant y revoir la ballerine ou savoir du moins quelque chose sur son sort.

Il n'avait rien appris et était rentré chez lui en proie à une morne désolation.

Les natures peu cultivées et les natures d'élite ont un point de contact ; toutes elles cherchent dans le travail un remède au désespoir.

Marius Gratiet s'était donc plongé, ou plutôt essayait de se plonger dans de vastes calculs d'arithmétique, lorsqu'il entendit un léger bruit.

On frappait doucement à sa porte.

« Qui est là ? demanda-t-il

— Moi, » répondit une voix jeune et douce.

L'honnête négociant jeta un cri, se précipita vers la porte, l'ouvrit et demeura bouche béante, stupide, les mains étendues en présence d'une femme.

C'était Farandole.

« Vous!... vous! dit-il, vous!... »

Et il la regardait avec extase, et semblait lui dire par son attitude :

« Je fais un rêve ! »

Farandole entra et referma la porte, puis elle ôta son manteau, qu'elle jeta sur une chaise, et elle apparut au quadragénaire plus belle et plus éblouissante que jamais.

« Monsieur Gratiet, dit-elle alors, j'ai su que vous vous étiez plusieurs fois informé de moi, et je viens vous remercier... »

Ces mots furent dits simplement, avec une gravité triste.

« Ah ! si vous saviez, murmura le pauvre homme, combien j'ai souffert !...

— Je le sais. »

Ces trois mots lui causèrent une joie d'enfant.

Il se mit à genoux devant elle, lui prit les mains, y imprima ses lèvres et laissa tomber dessus une grosse larme silencieuse.

« Vous êtes bonne !... » balbutia-t-il.

Farandole le releva.

« Je viens vous remercier, dit-elle, et vous demander pardon.

— Pardon ! exclama-t-il, pardon à moi ?

— Oui.

— Mais que m'avez-vous donc jamais fait ?

— Je vous ai mal reçu un soir que vous êtes venu chez moi. »

Une autre larme roula lentement sur la joue de Marius Gratiet.

« Ah! fit-il, c'est moi qui devrais vous demander pardon d'avoir osé espérer que vous, si jeune, si belle, vous pourriez aimer un pauvre vieux comme moi. »

Farandole eut un sourire d'ange.

« Vous m'aimiez donc bien ! » demanda-t-elle.

Il ne répondit point, mais il montra son visage baigné de larmes.

« Et... vous m'aimez encore ?... »

Il se mit à genoux.

« A en devenir fou ! »

Farandole redevint sérieuse et triste.

« Eh bien, si je vous demandais quelque chose...

— Ah! parlez!... s'écria-t-il.

— Un grand sacrifice!...

— Parlez, répéta-t-il, ma vie et ma fortune sont à vous! »

Elle posa sa main blanche sur l'épaule de Marius Gratiet.

« Ecoutez bien, dit-elle. Je suis une pauvre enfant abandonnée, qui chante et danse sur la place publique; je n'ai pas de nom, je n'ai pas de dot... »

— Vous êtes belle ! murmura-t-il avec extase.

— Je n'ai pas de famille... pas d'amis...

— Je vous tiens pour la plus noble des femmes.

— Et bien, dit Farandole d'une voix émue, monsieur Marius Gratiet, voulez-vous m'épouser?... »

Marius jeta un cri comme, le matin, Baluche, le jeune fumiste, en avait poussé un, et, comme lui, il devint à l'instant l'esclave de Farandole.

CHAPITRE VINGT-DEUXIÈME

XXII

Robespierre était chez lui.

Neuf heures du matin venaient de sonner, et le proconsul achevait sa toilette.

Le logis occupé par l'homme qui gouvernait la France tout entière était d'une simplicité monacale. Carreau rougi, meubles de noyer, rideaux de calicot aux fenêtres, chaises de paille, murs nus, froide atmosphère... On eût dit l'habitation de quelque pauvre prêtre non assermenté, et qui prêchait d'exemple la pauvreté évangelique.

Le citoyen Maximilien de Robespierre,

ex-avocat, ex-noble de robe, et complimenteur de S. M. le roi Louis XVI, aujourd'hui la plus forte tête de la république, venait de terminer son déjeuner.

Un guéridon couvert d'une assiette, d'une carafe d'eau, de deux coquilles d'œuf et d'un reste de petit pain était là pour l'attester.

Le dernier bûcheron du pays de France était moins frugal que le grand citoyen.

Robespierre était assis. Derrière lui se

tenait un homme en habit marron, qui passait le peigne dans sa chevelure incolore.

A côté du siége sur lequel le proconsul étalait sa maigre personne, brûlait un fourneau.

Dans ce fourneau fumait un fer à friser.

Le citoyen modeste qui ne dédaignait pas, sous le règne d'un peuple libre, d'offrir des services tout domestiques à ses semblables, quittait parfois le peigne pour le fer à friser, et roulait, à *l'oiseau royal,* la chevelure du grand citoyen.

Un petit miroir, placé en face de lui, permettait au citoyen Maximilien de Robespierre de contempler son visage anguleux, sa lèvre mince et railleuse, et de suivre les progrès du coiffeur.

Quand les cheveux furent roulés, le

coiffeur prit sur une table voisine une boîte à poudre et un couteau.

Le citoyen Robespierre le regarda faire, et à mesure que la neige odorante s'étalait sur ses cheveux et maculait le ruban rose de sa queue, il souriait avec satisfaction.

Si le citoyen Robespierre n'aimait ni le beau sexe, ni le luxe intérieur, ni une cuisine succulente, en revanche, il avait un grand faible pour la toilette.

Une danseuse de l'Opéra n'aurait pas pris un soin plus délicat de sa petite personne.

Lorsqu'il fut coiffé, le grand citoyen, qui portait du linge éblouissant de blancheur, secoua quelques grains de poudre tombés sur sa culotte de casimir noir, et tandis que le citoyen coiffeur s'en allait, après une demi-douzaine de génuflexions et de courbettes, il passa son gilet blanc, à larges pointes, et, par-dessus le gilet un bel habit marron pucé dont les longues basques lui battaient agréablement les mollets.

Puis, il posa son chapeau sous son bras, mit ses gants, prit sa canne et s'apprêtait à sortir, lorsque la vieille femme qui composait tout son domestique arriva et lui dit :

« Le Marseillais demande à te voir. »

Le citoyen Maximilien Robespierre n'avait pu dispenser sa femme de ménage de le tutoyer.

« Ah! fit-il, fronçant le sourcil. Eh bien! fais entrer citoyenne... »

Le Marseillais fut introduit.

Celui-là ne tenait ni à la toilette ni à la coiffure. Fort de sa beauté sombre et carnassière, de son nez d'oiseau de proie, de son clair regard et de ses dents aiguës, il se souciait peu d'un habit puce et d'une coiffure poudrée à l'oiseau royal. Toujours vêtu de sa carmagnole, coiffé du bonnet rouge, la pipe à la bouche, les mains dans ses poches, il entra chez le citoyen Robespierre comme chez lui.

« Eh bien ? fit celui-ci.

— J'ai du nouveau, citoyen.

— Ah !

— D'abord, je sais où est la petite.

— Qui, Farandole ?

— Non, Armande.

— Est-ce qu'elle ne serait plus à l'ambassade d'Espagne ?

— Non.

— Où donc est-elle ?

— Dans une maison rue du Hasard.

— Depuis quand ?

— Depuis hier soir.

— Et elle n'en est pas sortie ?

— J'ai deux agents sûrs qui ont passé la nuit à deux pas et n'ont pas perdu la porte de vue d'un seul instant.

— Qu'est-ce donc que cette maison?

— Elle est habitée par des ouvriers, par de petits ménages.

— Et mademoiselle de Vérinières s'y trouve ?

— Pourquoi? comment? c'est ce que

je ne puis vous dire. Mais je le saurai. Seulement j'ai voulu prendre vos ordres. Faut-il la faire arrêter sur-le-champ ?

— Non, certes, » dit vivement Robespierre.

Le Marseillais attendit que Robespierre développât sa pensée.

Le proconsul reprit :

« Si elle a quitté l'ambassade, c'est que Danton lui a promis sa protection, et qu'elle se croit en sûreté rue du Hasard

— Il y a peut-être dans cette maison quelque ancien serviteur de sa famille.

— C'est possible, dit le Marseillais.

— Il faut l'y laisser jusqu'à ce qu'il se risque à venir la voir.

— Ah! dit le Marseillais, qui devina.

— Vois-tu le coup de théâtre, poursuivit Robespierre. La force armée entoure une maison au nom de la république, elle s'y introduit pour arrêter des conspirateurs, une aristocrate, et elle trouve avec elle un homme que la république croit son plus zélé défenseur, — Danton le tribun, Danton le fougueux, Danton le protecteur occulte des partisans de la monarchie.

— Eh bien, mais, dit le Marseillais, ceci est superbe; mais il peut se faire qu'*il* n'y vienne pas.

— Il y viendra. Je connais l'homme...

avec un cotillon on le mènera au bout du

monde.

— Mais quand viendra-t-il ?

— Peu importe ! dit Robespierre.

Il ajouta d'un air galant :

« Si la tête de la citoyenne Vérinières

ressemble aussi parfaitement qu'on le dit

à celle de Farandole, elle est parfaitement

bien sur ses épaules. Mais à propos de

Farandole, continua le proconsul, qu'en as-tu fait ?

— Elle est sortie hier matin, sans doute pendant que j'étais ici. Elle a passé la journée dehors et n'est rentrée que fort tard dans la nuit.

— Mais elle est rentrée ?

— Oui.

— Tu sais qu'il ne faut pas la perdre de vue.

— Oh!... soyez tranquille... je m'en charge.

— Et les masques rouges ?

— Impossible de découvrir leur nouveau lieu de réunion. »

Robespierre eut un petit geste sec qui témoigna d'un mouvement d'impatience.

« Il faut pourtant que tous ces hommes,

qui osent me braver, dit-il, tombent tôt ou tard en mon pouvoir.

— On tâchera, dit le Marseillais. Ainsi, qu'ordonnez-vous, citoyen ?

— Surveiller la maison de la rue du Hasard et les abords du passage du Commerce, observer tous les hommes qui entreront dans la maison ou en sortiront, et me faire demain un rapport détaillé sur ses habitants.

— Ce sera fait.

— Savoir enfin pourquoi mademoiselle de Vérinières s'y trouve.

— Est-ce tout ?

— Absolument.

— Et si le citoyen Danton pénétrait rue du Hasard ?

— Cerner à l'instant la maison.

— Quelque heure de jour ou de nuit qu'il fasse ?

— Fut-il minuit.

— Et *lui* ? faut-il l'arrêter ?

— Oui, à moins qu'il ne déclare son nom et sa qualité de représentant du peuple. Auquel cas on dressera un procès-verbal, qui sera signé par toutes les personnes présentes à l'arrestation de la citoyenne Vérinières.

— Et... elle ?

— Tu la réintégreras à la Conciergerie.

— Hum! murmura le Marseillais, décidément la tête de mademoiselle de Vérinières est moins solide qu'elle ne le pense.

— A moins d'un miracle, dit Robespierre, et comme nous avons destitué les saints, ils ne sont pas disposés à en faire. »

Le Marseillais se mit à rire.

« Ou bien encore, acheva Robespierre d'un air sombre, à moins que son galant protecteur ne livre sa propre tête pour sauver la sienne.

— Je vois décidément, citoyen, dit-il,

que le citoyen Danton n'est pas sur le chemin de la fortune !

— Non, acheva froidement Robespierre, il est sur le chemin de l'échafaud, et je l'y ferai monter... »

Sur ces mots, le proconsul reprit sa canne, remit son chapeau sous son bras et congédia le Marseillais d'un geste protecteur, qui n'était point exempt d'une

nuance de mépris.

. . . .

CHAPITRE VINGT-DEUXIÈME
(Suite.)

XXII

Le Marseillais retourna rue du Hasard,

où il avait laissé deux de ses agents.

La maison dans laquelle il prétendait avoir

vu entrer mademoiselle Armande de Vérinières, la veille au soir, et qui n'était autre que celle occupée par Baluche, portait le numéro 7.

On sait que la rue du Hasard et la rue Villedo sont parallèles et bordent, l'une au nord, l'autre au sud, un pâté de maisons qui s'étend de la rue Richelieu à la rue Sainte-Anne.

Ceci explique comment, habitant une rue différente, Baluche, le fumiste et Farandole, la danseuse, étaient voisins et ne se trouvaient séparés que par cette cour étroite, au-dessus de laquelle, le matin précédent, ils avaient improvisé un pont de huit pouces de largeur.

Le numéro 4 de la rue du Hasard, situé en face du numéro 7, était occupé, au rez-de-chaussée, par une sorte de marchand de vins et liqueurs dont la clientèle se composait de gens de police.

C'était dans cet établissement que les hommes du Marseillais avaient installé leur observatoire.

La veille au soir, une jeune fille encapuchonnée dans un manteau gris, mademoiselle de Vérinières, était entrée dans la maison.

Depuis lors, on ne l'avait point vue en sortir.

Durant le trajet qu'il avait eu à parcourir de la rue Saint-Honoré à la rue Villedo, le Marseillais avait dressé son petit plan.

« Pour exécuter les ordres du citoyen Robespierre, s'était-il dit, ce n'est plus deux hommes qu'il me faut, mais dix et bien armés. »

L'un des deux agents qu'il retrouva était celui qu'on nommait Buisson, et qui passait pour tirer le pistolet à merveille.

C'était un homme de confiance, un fin limier, comme disait le Marseillais.

« Elle est toujours là? demanda-t-il.

— Oui.

— As-tu quelque chose de nouveau?

— Un peu, dit l'agent. Je sais chez qui elle est.

— Ah! fit le Marseillais, tu as des intelligences dans la maison.

— Oui, j'ai fait la connaissance d'un

ouvrier, un petit fumiste à qui j'ai payé à boire et qui sort d'ici. On l'appelle Baluche.

— Et il connaît la demoiselle ?

— Il l'a aperçue ce matin...

— Ah ! très-bien. Chez qui est-elle ?

— Chez une cuisinière qui a servi des ci-devants...

— C'est ce que je pensais, » se dit le Marseillais.

Et sans doute il allait donner des ordres à Buisson et à son collègue, lorsqu'un homme, couvert de poussière, pâle, haletant, les habits en désordre, entra dans le cabaret.

C'était le vieux Jérôme, l'ex-intendant du baron d'Azay, celui qui avait voulu livrer mademoiselle Claire au Marseillais, et faire assassiner ses maîtres.

« Tiens, dit le Marseillais stupéfait, c'est

vous, père Jérôme ? Comme vous êtes ému !
comme vous voilà fait !

— Nous sommes flambés ! murmura
Jérôme

— Hein ! qu'y a-t-il, que voulez-vous
dire ?

— Je viens du *Corbeau vivant*.

— Eh bien ?

— Il est mort.

— Qui, le baron ?

— Non, Nicolas Gourju... et la Mayotte n'en vaut guère mieux... et le *Vieux* s'est sauvé... O la canaille !

— Mais *eux*?.. le baron et son fils...

— Sauvés ! c'est eux qui ont tué Nicolas et cassé les jambes à la Mayotte... le Vieux nous a trahis. »

Ces mots, prononcés d'un ton lamentable et épouvanté, firent une telle impression sur le Marseillais, qui voyait sa plus belle combinaison légèrement dérangée,

qu'il perdit de vue un moment la rue du

Hasard, bien qu'il se fût placé tout auprès

de la fenêtre garnie de barreaux de fer.

Et comme s'il n'eût attendu que ce mo-

ment-là, Baluche, le jeune fumiste, sortit

du numéro 7 et s'éloigna d'un pas rapide,

se dirigeant vers la rue Sainte-Anne.

Voici ce qui s'était passé :

La veille au soir, chez dona Carmen, on s'entretenait des malheurs du temps.

La petite colonie de réfugiés que protégeait le drapeau espagnol s'était accrue de deux personnages, le baron d'Azay et son fils.

Claire se trouvait donc entre son père, son frère, sa cousine, mademoiselle de Vérinières, et son sauveur, le bon Fritz Müller, qui venait chaque soir, après ses études de médecine, prendre le thé chez

doña Carmen.

Le chevalier de Rochemaure n'assistait

point à la réunion.

Depuis qu'il appartenait à la mystérieuse

corporation des masques rouges, le chevalier sortait de l'hôtel et y rentrait, sans

jamais être inquiété.

Cependant le Marseillais, ce terrible

agent de police, qui avait voué une haine profonde à tous les aristocrates, le connaissait personnellement, et il avait même de bonnes raisons pour cela, si on se souvient de ce qui s'était passé au cabaret du Corbeau vivant.

Vingt fois le chevalier l'avait trouvé sur son passage, et vingt fois il l'avait évité.

Bien certainement, même, il avait été reconnu; mais le Marseillais avait passé son chemin.

Or donc, la belle Claire d'Azay, réunie à sa famille, échappée miraculeusement, on s'en souvient, au traquenard du cabaret, mademoiselle Armande de Vérinières et les jeunes Espagnols leurs amis causaient, vers neuf heures du soir, dans la chambre

de doña Carmen, — lorsque le chevalier de

Rochemaure arriva.

Le chevalier était sombre et mystérieux.

« Mademoiselle, dit-il à Armande, j'ai

besoin de vous entretenir seul à seul.

— Me voici, » dit Armande.

Et elle se leva et prit la main du chevalier, qu'elle conduisit dans la pièce voisine.

CHAPITRE VINGT-DEUXIEME
(Suite.)

XXII

Le chevalier ferma la porte sur lui ; puis il baisa respectueusement la main de mademoiselle Armande, la regarda avec tendresse et lui dit :

« M'aimez-vous un peu ? »

Sa voix tremblait ; il était fort pâle.

Armande eut pour lui un regard de reproche.

« Ingrat ! dit-elle, n'êtes-vous pas déjà mon époux devant Dieu ?

— Croyez-vous à mon amour ?

— Comme je crois au mien pour vous.

— Et si je vous demande une chose étrange.

— Je la ferai.

— Si je vous prie de sortir d'ici, où vous êtes en sûreté, de venir avec moi à travers Paris, au risque d'être arrêtée de nouveau...

— Serez-vous avec moi ?

— Oui.

— Si on m'arrête, on vous arrêtera ?

— Oui.

— Si on m'envoie à l'échafaud, vous y viendrez aussi ?

— Oui. »

Elle lui montra ses dents blanches en un sourire divin.

« Enfant! dit-elle, mais vivre ou mourir, qu'importe! si nous sommes ensemble ?... »

Et elle lui présenta son front à baiser.

« Allons! dit-elle.

— Suivez-moi, alors, sans dire adieu à personne. Cette chambre a-t-elle une issue ?

— Oui, là, cette porte.

— Bien, prenez un manteau.

— Dois-je cacher mon visage ?

— Non. Au contraire, il faut qu'on sache que vous avez quitté l'ambassade ; il faut que Robespierre et tout le comité de salut public soient informés du lieu où je vous conduis.

— Ma foi! dit Armande en riant, ceci devient tellement mystérieux que je donne ma langue au chat. Allons toujours, vous m'expliquerez tout, n'est-ce pas ?

— Oui, plus tard. »

Et le chevalier lui jeta son manteau sur les épaules et l'entraîna.

Ils descendirent par un escalier dérobé et sortirent par la grande porte.

Lorsqu'ils furent sur la place de la Révolution, le chevalier s'arrêta.

« Regardez, » dit-il.

Armande se retourna.

— Voyez-vous ces deux hommes, là-bas ?... »

Et il lui montrait deux ombres qui s'effaçaient sous la colonnade du garde-meuble.

« Oui, dit Armande.

— L'un est un agent de police qui se nomme le *Marseillais.* »

La jeune fille ne put se défendre d'un léger frisson.

« L'autre est son âme damnée, poursuivit le chevalier. Tous deux sont là depuis longtemps, ils m'ont suivi, ils attendent que je sorte.

— Veulent-ils donc vous arrêter? demanda Armande, sans manifester la moindre terreur.

— Non, dit le chevalier, ils vont nous suivre, ils s'arrêteront à la porte de la maison dans laquelle nous entrerons.

— Et quand nous en sortirons?

— Vous n'en sortirez pas, vous, Armande.

— Ah! fit-elle. Et vous ?

— Moi, je vous quitterai; mais pour veiller sur vous. »

Elle lui serra la main et murmura :

« J'ai foi en vous, marchons ! »

Et ils se mirent en route par la rue de la Révolution et la rue Saint-Honoré.

Le Marseillais et son acolyte suivaient.

Le chevalier et Armande se mirent à marcher d'un pas rapide.

Ils longèrent la rue Saint-Honoré, prirent la rue Saint-Anne, et entrèrent dans la rue du Hasard.

Les deux agents de police suivaient toujours.

A la porte du numéro 7, le chevalier s'arrêta encore :

» Armande, dit-il, au nom de notre amour, faites-moi une promesse.

— Parlez.

— Quoi que vous puissiez voir et entendre, quelque chose énorme en apparence que je puisse vous demander, vous ne vous étonnerez pas.

— Je vous le promets. »

Ils entrèrent.

La maison était étroite, sombre, desservie par un escalier tortueux, à marches usées, accompagné d'une corde qui servait de rampe.

Ils montèrent au quatrième étage, et là, le chevalier frappa à une petite porte sur laquelle un nom était écrit à la craie :

Baluche.

La porte s'ouvrit ; le jeune ouvrier fumiste se montra à Armande étonnée. La jeune fille se trouva alors au seuil d'une petite chambre pauvrement meublée.

« Voici votre nouveau logis, Armande, dit le chevalier avec une émotion grave ; et voilà l'homme qui doit veiller sur vous. »

Armande n'avait pas cessé de sourire.

« Mon cher chevalier, dit-elle, vous ne parviendrez point à m'effrayer ; vous savez que je ne tremble pas ; mais, je suis femme, partant curieuse.

— Je vous comprends, dit le chevalier, vous voulez savoir ?

— Oui.

— Eh bien, vous êtes ici chez ce garçon qui est ouvrier fumiste, qui s'appelle Baluche, et qui est dévoué à une personne qui est à nous, comme je vous suis dévoué. »

Armande regarda Baluche.

Une grande expression de loyauté brillait sur le visage de Baluche.

« Ah ! » fit-elle, lui souriant.

Le chevalier poursuivit :

« Ce jeune homme va vous céder sa chambre, et ira, dans la maison, partager le logis d'un camarade.

— Je passerai donc la nuit ici ?

— Oui. Mais rassurez-vous, vous aurez une compagne. »

Et le chevalier alla ouvrir la fenêtre, cette fenêtre qui donnait sur la cour étroite et noire qui séparait la maison de la rue du Hasard de celle de la rue Villedo.

La nuit était noire ; la maison voisine plongée dans les ténèbres.

Le chevalier mit deux doigts sur sa bouche et siffla.

Au coup de sifflet, la fenêtre de Farandole s'ouvrit et laissa passer un flot de clarté.

En même temps encore, la danseuse se montra et salua mademoiselle de Vérinières.

« Mets la planche, » dit le chevalier au jeune fumiste.

Le pont aérien fut dressé.

Alors Armande, frémissante, vit la ballerine s'élancer sur la planche, y poser un pied, puis traverser l'abîme, sans que le sourire abandonnât ses lèvres.

La danseuse sauta lestement dans la

chambre, se mit aux genoux de mademoiselle de Vérinières et lui baisa respectueusement la main.

CHAPITRE VINGT-TROISIÈME

CHAPITRE VINGT-TROISIÈME.

XXIII

La journée du lendemain s'écoula tout entière sans que les prévisions du Marseillais se réalisassent.

Le grand personnage qu'on attendait rue du Hasard, et qui ne pouvait manquer de venir voir mademoiselle de Vérinières, n'avait pas encore paru.

Les espions apostés aux environs du passage du Commerce avaient vu sortir Danton à son heure ordinaire, puis rentrer le soir vers minuit, après avoir soupé au café Foy.

Mais le Marseillais ne se décourageait pas.

« Il finira bien par y venir, » se disait-il.

En même temps qu'il avait établi une surveillance rigoureuse rue du Hasard, le Marseillais ne perdait point de vue la rue Villedo et Farandole.

Farandole avait dansé la veille, de onze heures à minuit, au café de la rue des Bons-Enfants.

Elle était rentrée donnant le bras à un homme d'un certain âge, qui l'avait mise à sa porte et l'avait quittée respectueusement en lui disant :

« A demain ! »

L'agent de police qui, le surlendemain matin, vint faire ce rapport au Marseillais, lui dit :

« La personne qui a reconduit hier soir la danseuse Farandole est un négociant du quartier Saint-Denis, capitaine dans la garde civique. C'est un bon patriote dont le civisme n'est pas douteux, et qui ne saurait avoir de relations avec les aristocrates.

— Il est donc amoureux de Farandole ? demanda le Marseillais.

— Très-amoureux

— Eh bien ! fit le Marseillais avec humeur, qu'il l'épouse, si ça lui plaît ! »

Et il congédia son agent, et se remit à observer la maison où s'était réfugiée mademoiselle de Vérinières.

« Tu reviendras dans deux heures, lui dit-il ; d'ici là, nous verrons. »

Le lieu d'observation du Marseillais était la salle basse du marchand de vin. Il y avait passé la nuit tout entière, ne se fiant point à ses agents, et il était certain que mademoiselle de Vérinières n'était pas sortie.

Néanmoins, il lança un de ses hommes dans la maison.

L'agent frappa au carreau de la portière :

« Le citoyen Baluche ? dit-il.

— Il est sorti, répondit la portière.

— Mais non, citoyenne, dit une voix dans l'escalier, me voilà. »

C'était Baluche qui descendait.

L'agent qui demandait à le voir était précisément celui qui, la veille, avait offert à boire au jeune fumiste.

Baluche le regarda en souriant.

« Bon ! dit-il, je sais ce que vous voulez.

— Tu t'en doutes ?

— Vous voulez savoir si la jolie citoyenne est toujours là ?

— Justement.

— Elle y est.

— En es-tu sûr ? »

Baluche eut l'air d'hésiter.

« Dame ! dit-il, après tout, c'est pas mes affaires, ça.

— Hein ?

— Si encore ça me rapportait quelque chose...

— Viens boire un coup, nous causerons, » dit l'agent.

Et il emmena Baluche dans la salle basse du marchand de vin où se trouvait le Marseillais.

Baluche avait pris la mine discrète et réfléchie d'un homme qui veut vendre ses services le plus cher possible.

« Que gagnes-tu par jour ? lui demanda

le Marseillais, lorsqu'il eût décoiffé une bouteille de vin blanc.

— Est-ce que vous parlez de mon métier?

— Oui.

— Je gagne trois livres.

— Veux-tu une pistole?

— Farceur!

— Non, dit le Marseillais qui posa une

pièce d'or de vingt-quatre livres sur la table; je ne plaisante pas, et voilà les arrhes du marché. »

Le Marseillais crut avoir ébloui Baluche. C'était peut-être la première pièce d'or qu'il voyait de sa vie; et, le cours forcé des assignats avait rendu l'or si rare et lui donnait une provenance si aristocratique, qu'il fallait être un homme comme le

Marseillais pour oser en avoir dans sa

poche.

« Qu'est-ce que vous voulez donc me

faire faire ? demanda Baluche.

— Tu es jeune, tu es gentil garçon, »

dit le Marseillais.

Baluche prit un air modeste.

La deuxième partie de cet ouvrage paraîtra in-
cessamment sous le titre de : *Le Marseillais*.

(Note de l'Editeur.)

« Tu n'aurais qu'à t'en donner tant soit peu la peine pour plaire à la citoyenne.

— Hé! fit Baluche en souriant, j'y ai songé.

— Ah! ah!

— Est-ce que c'est pour cela que vous m'offrez une pistole par jour?

— A peu près. .

— C'est drôle! » murmura Baluche, qui prit un air niais.

Le Marseillais allait, sans doute, développer son plan, lorsque l'agent qu'il avait envoyé tout à l'heure, et qui était en surveillance dans la rue Villedo, revint précipitamment.

« Bon! voici du nouveau, pensa le Marseillais. Qu'y a-t-il?

— Farandole se marie.

— Et c'est pour cela que tu es revenu?

— La rue est pleine de monde. C'est les amis du citoyen Marius Gratiet qui l'accompagnent.

— Qu'est-ce que tu me chantes-là ?

— Mais la vérité. Venez voir plutôt. »

Le Marseillais n'y tint pas. Il recommanda à l'agent, qui cherchait à griser

Baluche, de ne pas quitter son poste, et il

s'en alla rue Villedo.

La rue, en effet, était plus animée qu'à

l'ordinaire.

Il y avait du monde sur les portes, et

au milieu de la rue une douzaine de

gardes civiques se promenant d'un air

grave, bras dessus, bras dessous.

Un groupe de vieilles femmes causaient bruyamment sur le seuil d'une porte.

Le Marseillais s'approcha.

« Mes bonnes citoyennes, dit-il, pourriez-vous me dire ce qui est arrivé par ici ? Est-ce qu'il y a eu le feu ?

— Non, c'est un mariage.

— Qui donc se marie ?

— Farandole, la petite Farandole la danseuse, répondit une des vieilles.

— Et... avec qui?

— Avec un citoyen fort riche... on m'a dit son nom... mais je l'ai oublié... C'est égal, tout le quartier est en révolution.

— Et où se marient-ils?

— Mais ils vont se rendre à la mairie, et ce sera fait.

— Et ils sont ici... dans la rue?

— Tenez... tenez! les voilà... »

Le Marseillais se retourna et vit sortir Farandole.

Elle était simplement, modestement vêtue, et donnait la main au citoyen Marius Gratiet, qui étouffait de joie et d'orgueil sous son uniforme de capitaine.

Le Marseillais remarqua la jupe rayée bleu et blanc et le corsage de velours noir que portait Farandole.

« C'est égal, se dit-il, elle ressemble furieusement à mademoiselle de Vérinières. C'est à s'y tromper dix fois par jour. »

CHAPITRE VINGT-QUATRIEME

XXIV

Une voiture fermée, attelée de deux chevaux blancs, attendait à la porte de Farandole. La ballerine y monta avec son futur époux, aux applaudissements des citoyens revêtus de l'uniforme de la garde civique. La foule attroupée dans la rue imita cet exemple et applaudit pareillement.

« Vive Farandole ! » dirent plusieurs voix.

Le carrosse bourgeois s'ébranla, descendit au pas vers la rue Richelieu, et le Marseillais le vit disparaître avec son escorte. Mais il ne le suivit pas et continua à écouter les conversations diverses des bonnes femmes groupées au seuil des portes.

« Vous savez, disaient les unes, que le citoyen Marius Gratiet est un richard ?

— On dit, reprit une autre, qu'il prête de l'argent à la république...

— Et croyez-vous, continua une troisième, qu'elle est gentille à croquer, cette petite Farandole ?

— Oh! pour ça, oui, et elle fera joliment bien assise au comptoir de ce vieux.

— Mais il n'est pas vieux...

— Mais si!

— Mais non!

— Quel âge peut-il avoir? demanda naïvement le Marseillais.

— Quarante-cinq ans.

— Dame! observa une des commères, après tout, Farandole n'a pas d'autre dot que ses beaux yeux et sa vertu.

— Ce qui est rare pour une danseuse...

— Et où vont-ils en ce moment? dit le Marseillais.

— A la mairie, se marier.

— Et ils reviendront ici ?

— Mais, dame ! c'est-y pas l'usage que la femme rentre un moment chez elle après la chose, avant d'aller prendre possession de sa nouvelle maison ? »

Le Marseillais n'eut pas le temps d'adresser de nouvelles questions.

Il entendit un grand bruit de grelots et

de claquements de fouet qui achevèrent

de mettre en rumeur la paisible rue

Villedo.

C'était une chaise de poste traînée par

trois chevaux attelés de front et conduits

à la française par un postillon en bottes

fortes.

« Qu'est-ce que cela? firent plusieurs voix.

— Est-ce que les aristocrates reviennent?

— C'est pour le citoyen Marius Gratiet et sa femme.

— Ah ! ils partent ?

— Oui, ils vont faire un voyage. C'est

l'habitude, dit une vieille femme. Ça s'appelle la lune de miel.

— Quoi, cette voiture ?

— Non, le voyage. »

Le Marseillais pensait :

« Ce gros homme chauve qui se donne le luxe d'épouser Farandole a joliment raison d'être capitaine dans la garde civique. Sans cela, il serait bien suspecté... Aristocrate, va ! »

Et l'homme de la police fit un signe à un de ses agents, qui comme lui, s'était faufilé dans la foule.

Celui-ci s'approcha.

Le Marseillais prit un carnet, en arracha un feuillet et écrivit dessus au crayon en se servant de son genou comme d'un pupitre :

« Farandole se marie ; elle épouse le citoyen Gratiet, capitaine dans la garde civique. Ils vont partir en revenant de la mairie. Faut-il arrêter Farandole ? »

Et il remit ce billet à l'agent et lui dit tout bas :

« File rue Saint-Honoré, chez le patron.

— Où vous trouverai-je ?

— Chez le marchand de vin de la rue du Hasard. »

L'agent disparut; le Marseillais retourna à son poste d'observation.

Baluche trinquait avec les deux espions.

« Mon petit, lui dit Olivier Brun, est-ce que tu ne pourrais pas me montrer la citoyenne ?

— Par le trou de la serrure, si vous voulez.

— Oh! ça me suffit, pourvu que je la voie.

— Venez avec moi, dit Baluche, et passez roide et vite devant la concierge, il ne faut pas qu'elle se doute de quelque chose. »

Le Marseillais suivit Baluche jusqu'au numéro 7 et y entra avec lui.

Ils montèrent au quatrième étage, et là,

Baluche mit un doigt sur ses lèvres, indiqua une porte et dit tout bas :

« Regardez! »

Le Marseillais appliqua son œil au trou de la serrure, et vit fort distinctement le chétif mobilier du fumiste.

Auprès d'un petit poêle en fonte, une jeune fille était assise et travaillait à un ouvrage de couture.

C'était Armande.

Elle était vêtue d'une robe blanche, et sa luxuriante chevelure était poudrée comme si elle eût dû aller au bal.

Le Marseillais, retenant son haleine, la contempla un moment.

« Oh! c'est vraiment merveilleux, murmura-t-il; elle et Farandole se ressemblent comme deux sœurs jumelles. »

Et toujours suivi par Baluche, il redescendit, achevant ainsi son aparté

« Elle est là... je l'ai vue... et, à moins qu'elle ne s'envole par la fenêtre, elle ne m'échappera point. »

En arrivant chez le marchand de vin, le Marseillais trouva de retour l'agent qu'il avait envoyé rue Saint-Honoré.

Robespierre avait écrit sur le revers de la feuille arrachée au carnet :

« Inutile d'arrêter Farandole ; nous n'en avons pas besoin. »

. . . .

Les mariages se faisaient vite à cette époque. L'officier de l'état civil, après les questions d'usage, avait inscrit sur un registre, au courant de la plume, les noms et prénoms des deux époux, les avait déclarés mariés et leur avait fait son petit discours d'usage.

Après quoi le citoyen Marius Gratiet, toujours escorté par ses amis de la garde civique, était remonté en voiture et était revenu, avec sa femme, rue Villedo, que la foule curieuse emplissait toujours.

De nouveaux applaudissements se firent entendre.

« Vive le citoyen Marius !

— Vive Farandole! » répéta-t-on.

L'honnête capitaine descendit, salua à droite et à gauche, puis offrit sa main à Farandole, qui s'élança légère dans l'étroite allée de cette maison qu'elle habitait

depuis si longtemps.

Un capitaine de la garde civique, un

citoyen aussi pur que Marius Gratiet, ne

pouvait, en conscience, se dispenser de

haranguer un peu la foule.

« Citoyens et amis, dit-il, je vous re-

mercie des vœux que vous faites pour

mon bonheur. Que la vue de cette chaise

de poste n'éveille point en vous d'idées

mauvaises. Cupidon seul me pousse à ce

luxe. Je ne suis pas aristocrate, sachez-le, mais un simple fabricant qui part avec sa femme pour Roubaix et Tourcoing, deux villes où il a des relations de commerce! »

De nouveaux applaudissements retentirent, et le citoyen Marius rejoignit son épouse.

Farandole s'enferma avec lui dans son petit logis.

« Maintenant, mon ami, lui dit-elle,

nous n'avons pas un moment à perdre. Il faut que demain soir vous soyez hors de France. »

Le brave capitaine soupira et regarda Farandole avec des yeux humides.

« Quand vous reviendrez, lui dit-elle, vous me retrouverez... Ne suis-je pas votre femme ? »

Elle lui tendit sa main, qu'il baisa et sur laquelle il laissa tomber une larme.

Puis elle ouvrit la fenêtre et siffla.

Aussitôt la fenêtre de Baluche s'ouvrit, et le fumiste passa une planche dont l'extrémité vint s'adapter à l'appui de celle de Farandole.

Cette planche était large trois fois comme celle qui avait déjà servi à Farandole.

En même temps, mademoiselle de Vérinières se leva, monta sur l'appui de la croisée, et posa hardiment le pied sur ce nouveau pont.

Farandole, Marius Gratiet et Baluche

eurent un moment d'angoisse, un battement de cœur terrible.

Mais Armande de Vérinières passa souriante et calme, et arriva sans accident dans la chambre de Farandole.

« Vite, dit cette dernière, hâtons-nous!... »

Elle entraîna Armande dans la seconde pièce, et les deux jeunes filles échangèrent leurs habits.

En même temps, la perruque blanche que le Marseillais avait prise pour des cheveux poudrés tomba, et Armande reparut aux yeux du citoyen Marius Gratiet avec ses cheveux noirs roulés en torsade, comme les portait Farandole.

Elle avait revêtu le corsage de velours et la jupe rayée de la danseuse...

Et le diable lui-même s'y fût trompé comme s'y trompa le Marseillais, qui vit monter Armande dans la chaise de poste et cria comme la foule :

« Vive Farandole ! »

Le citoyen Marius Gratiet salua de la main une dernière fois ; le postillon fit claquer son fouet... et la chaise de poste partit au grand trot.

Armande était bien sauvée cette fois.

Fin de Farandole.

Wassy. — Imp. Mougin-Dallemagne.

AVIS AUX PERSONNES QUI VEULENT MONTER UN CABINET DE LECTURE.

BIBLIOTHÈQUE

DES

MEILLEURS ROMANS MODERNES

2,100 vol. environ, format in-8°. — Prix : 2,500 fr.

Cette collection contient les NOUVEAUTÉS de nos auteurs les plus en vogue publiées jusqu'à ce jour par la maison, lesquelles sont accompagnées d'affiches à gravures et autres.

Les Libraires qui feront cette acquisition recevront **GRATIS** *cent exemplaires du Catalogue* complet et détaillé *avec une couverture imprimée à leur nom* pour être distribués à leurs abonnés.

La Maison traite de gré à gré pour un nombre moins considérable de volumes à des conditions très-avantageuses.

Le prix de chaque ouvrage, pris séparément, est de *cinq francs* net le volume.

Grandes facilités de payement moyennant les renseignements d'usage. Le Catalogue se distribue gratis aux personnes qui en feront la demande par lettres affranchies.

Wassy. — Imprimerie de Mougin-Dallemagne.

www.ingramcontent.com/pod-product-compliance
Lightning Source LLC
Chambersburg PA
CBHW060635170426
43199CB00012B/1562